国家社会科学基金青年项目（12CJY026）
湖南省自然科学基金面上项目（2020JJ4299）

我国人口空间动态与区域经济发展的互动影响研究

——基于中部新兴城市群的同城化视角

曾群华 著

西安交通大学出版社
XI'AN JIAOTONG UNIVERSITY PRESS
国家一级出版社
全国百佳图书出版单位

图书在版编目(CIP)数据

我国人口空间动态与区域经济发展的互动影响研究 ：基于中部新兴城市群的同城化视角 / 曾群华著. — 西安 ：西安交通大学出版社，2021.8
ISBN 978-7-5693-2249-1

Ⅰ. ①我… Ⅱ. ①曾… Ⅲ. ①人口-影响-区域经济发展-研究-中国 Ⅳ. ①F127

中国版本图书馆 CIP 数据核字(2021)第 153153 号

书　　名 我国人口空间动态与区域经济发展的互动影响研究——基于中部新兴城市群的同城化视角
著　　者 曾群华
责任编辑 王建洪
责任校对 祝翠华
封面设计 任加盟

出版发行 西安交通大学出版社
（西安市兴庆南路 1 号　邮政编码 710048）
网　　址 http://www.xjtupress.com
电　　话 (029)82668357　82667874(市场营销中心)
(029)82668315(总编办)
传　　真 (029)82668280
印　　刷 西安五星印刷有限公司

开　　本 700mm×1000mm　1/16　**印张** 11.625　**字数** 227 千字
版次印次 2021 年 8 月第 1 版　2022 年 3 月第 1 次印刷
书　　号 ISBN 978-7-5693-2249-1
定　　价 78.00 元

发现印装质量问题，请与本社市场营销中心联系、调换。
订购热线：(029)82665248　(029)82665249
投稿热线：(029)82665379　QQ：793619240
读者信箱：xj_rwjg@126.com

前　言

随着各都市圈、城市群“1 小时经济圈”的规划实施，相邻城市之间的交通、信息、人才、资金等要素流动更为畅通，各城市群板块正因这种“时空颠覆”呈现出同城化的发展趋势，如长株潭、太榆、合淮等都提出了同城化的建设理念与思路。作为城市群同城化区域经济联系与沟通的重要纽带和载体，人口的空间动态成为区域经济发展研究的新热点。

国家“十二五”规划、“十三五”规划明确规定中部地区应重点推进太原城市群、皖江城市带、鄱阳湖生态经济区、中原经济区、武汉城市圈、环长株潭城市群等新兴城市群的发展。随着中部新兴城市群的中心极核太原与榆次、郑州与开封、合肥与淮南、武汉与孝感、南昌与九江、长沙与湘潭和株洲地区半小时交通圈的日益完善，中心城市与周边区域之间的人口、资源、信息、资金等要素往来愈来愈频繁。

本书重点围绕以下主要内容展开研究。

(1)同城化理论及文献综述梳理。第一章简要介绍了研究背景、研究目的与意义、研究思路与技术路线、研究方法与研究创新等。第二章梳理了城市群、同城化的概念，以及人口空间迁移理论、区域经济学、人口经济学等相关理论及文献。

(2)中部新兴城市群同城化地区的人口空间动态变化。第三章重点考察太原城市群、皖江城市带、鄱阳湖生态经济区、中原经济区、武汉城市圈、环长株潭城市群等地区人口空间迁移与流动的时间序列数据，揭示这些地区在同城化态势下人口空间动态变化特征，并从行为主体、运动轨迹、行为动机和行为周期等四个维度重点解构同城化背景下以“民众”为主体的人口空间动态变化。

(3)中部新兴城市群同城化视域下人口空间动态的诉求机制与动因机理。第四章从经济社会融合发展、区域交易费用、区域制度软环境等方面解析同城化发展态势给人口的空间行为过程与模式带来的新诉求与动因机理。

(4)同城化视域下人口空间动态格局的模式选择。第五章通过 GIS 技术手段对长株潭、汉孝、太榆、合淮、郑开、昌九等 6 个同城化地区 2000 年、2005 年、2010 年、2015 年四个时间截面的人口密度进行空间自相关分析，探讨同城化地区的人口空间动态格局与模式选择，主要表现为外围—中心集聚模式、中心—外围扩散模式、中心—外围“钟摆”模式等。

(5)同城化视域下人口空间动态与区域经济发展的互动影响与耦合关联。第六章通过建立人口动态系统和经济发展系统两个子系统的指标体系，构建人口与经济发展耦合度模型和人口与经济发展耦合协调度模型，对太榆、合淮、郑开、昌九、汉孝、长株潭同城化区域的人口空间动态与区域经济发展特征及其耦合协调度进行了耦合分析，深入探讨同城化视域下人口空间动态与区域经济发展的互动影响及其耦合关联性。

(6)同城化视域下人口空间的合理分布与迁移流动的策略研究。第七章从跨界规划、基础设施、农业转移人口市民化、区域的联动合作机制、公共服务等方面提出同城化战略下引导人口合理分布与流动的策略。

由于作者水平有限，书中难免存在不当之处，恳请广大读者批评指正。

曾群华

2021 年 2 月

目　录

第一章

引　论

中部地区地处我国内陆腹地，包括山西、河南、安徽、江西、湖北、湖南6省，国土面积102.8万平方千米，占全国陆地国土总面积的10.7%[①]。2019年底，中部地区总人口为37246.2万人，占全国总人口的26.5%；GDP总量218737.79亿元，占全国GDP总量的22.2%；人均可支配收入达26025.3元；社会消费品零售总额达97843亿元，占全国总额的24%。中部地区自然资源丰富，基础条件良好，具有巨大的发展潜力；区位条件优越，交通网络发达，具有承东启西、连南接北的重要战略地位；生产要素密集，人力和科教资源丰富，产业门类齐全，在全国区域经济发展格局中具有重要战略地位。

太原城市群、中原经济区、皖江城市带、武汉城市圈、鄱阳湖生态经济区、环长株潭城市群是中部地区重要的经济圈与区域增长极，随着其中心极核太原与榆次、郑州与开封、合肥与淮南、武汉与孝感、南昌与九江、长沙与湘潭和株洲地区半小时交通圈的日益完善，中心城市与周边区域之间的人口、资源、信息、资金等要素往来愈来愈频繁。一方面，同城化区域中心城市与周边城市经济发展的不平衡推动了人口空间分布与迁移流动的变化，同城化城市在基于更低交易费用诉求的利益博弈与利益共享的动态制度变迁过程中，重构了人口空间布局及其模式选择。同时，人口规模、流动主体变化、同城化制度软环境等因素通过制约同城化发展进程间接影响人口空间格局。另一方面，人口空间动态响应的双向性与差异性又反作用于区域经济发展。同城化既是中心城市通过资源、人口等要素集聚与辐射功能的发挥不断提升和强化其区域核心地位的渐进过程，也是周边城市借助中心城市的优势资源不断融入同城化区域的叠加与累积过程。尤其是人口要素的双向流动及其空间动态过程对中心城市与周边城市的经济发展、产业布局、交通规划、城市设计、文化交融等方面带来多维度的响应与效应，重塑了同城化区域经济的空间布局与空间形态，使之逐渐成为一个有机整体[②]。

第一节 研究背景

一、城市群成为区域经济的主体形态

近年来，随着经济全球化与区域一体化的纵深发展，城市群逐渐成为参与全球

① 国家发展和改革委员会，促进中部地区崛起"十三五"规划，2016.

② 曾群华.基于同城化视角的人口空间动态与区域经济发展的耦合机理研究[J].城市观察，2014(6):61-66.

国际竞争与合作、支撑区域经济转型发展、促进跨域治理与协同发展的重要主体单元和发展平台，国家和地区均已把城市群作为国家和地区经济社会发展的重大战略。《国家新型城镇化规划(2014—2020 年)》明确提出“以城市群为主体优化城镇化空间布局和形态”，未来城市群将成为人口城镇化的主要空间载体。2017 年 12 月，中央城市工作会议再次强调，要在《全国主体功能区规划》《国家新型城镇化规划(2014—2020 年)》的基础上，以城市群为主体形态，科学规划城市空间布局，实现紧凑集约、高效绿色发展。2020 年中央经济工作会议进一步提出，要提高中心城市和城市群综合承载能力。地处中国内陆腹地的中部新兴城市群具有承东启西、接南进北的重要战略地位，是我国中部地区经济社会发展的重要增长极，是支撑中部崛起、促进中部经济增长、参与区域竞争合作的重要载体。

二、同城化成为城市群区域经济发展的新态势

在经济全球化与区域一体化的宏观发展趋势下，相邻城市之间的合作与发展态势越来越成为区域经济发展的关注重点。近年来，随着我国区域经济一体化的深入发展以及各都市圈、城市群“1 小时交通圈”的规划实施，相邻城市之间的交流与合作更加频繁，区域中心城市对周边城市的带动和辐射作用不断增强，周边城市接受中心城市辐射的愿望也更加强烈。尤其是随着快速重构、日益扁平化的城市网络体系的深入发展，相邻城市之间的同质发展需求日益明显，各区域板块正呈现出以“同城化”为导向或龙头的区域经济发展趋势，“同城化”理念也日益成为相邻城市之间最引人注目的趋势之一。

2005 年，深圳市政府在《深圳 2030 城市发展策略》中提出要与香港在各领域加强合作，从而与香港达到“同城化”的发展趋势。同城化的概念与区域一体化发展中的都市圈以及城市群的概念有很多的相似之处，但是同城化在地理概念上要小于传统的都市圈和城市群，一般是地域内邻近的少数城市之间组成的一种区域内城市经济发展模式，是区域经济发展过程中各城市间经济依赖程度不断提高和制度不断创新的发展结果①。相对于起源于日本的“大都市圈”和来自英国的“城市群”概念而言，同城化结合了中国区域一体化发展的本土概念，结合了中国城市发展实际情况，在理论上和实践方面具有独特性与前沿性。自 2005 年“同城化”被提出以后，紧随深圳提出与香港形成“同城化”的发展态势的理念，国内多数区域都提出了发展同城化的战略构想，譬如长三角的沪苏嘉、广东的广佛、吉林的长吉、辽

---

① 曾群华，邓江楼，张勇. 都市圈、城市群与同城化的概念辨析[J]. 中国名城，2012(05)：4 - 11.

宁的沈抚、湖南的长株潭、山西的太榆及安徽的合淮等，经过不同的发展进程，它们都取得了一定程度的进展，如长株潭从“前五同”到“新五同”理念的更新，太榆同城化的“十同”标准，郑州和开封实现金融同城结算、郑开（汴）城际公交车开通等（见表1-1）。由此可见，各区域经济板块正呈现出以“同城化”为导向的发展趋势，“同城化”逐渐成为我国城市协同发展的重要议题，其发展模式与发展战略也日益成为提升相邻区域经济板块减少交易成本（费用）、增强竞争力的一种有效形式。

表1-1 中部新兴城市群同城化地区基本情况一览表

同城化地区	开始年份	组成城市	行政级别	地理距离	区域地位	主要做法
长株潭	1997	长沙、株洲、湘潭	省会城市、地级市	株洲距离长沙 50 km，湘潭距离长沙 40 km	推进长株潭经济一体化是湖南省经济发展战略的重要组成部分	1997年，湖南省委、省政府正式提出长株潭经济一体化发展战略； 前五同：交通同环、电力同网、金融同城、信息同享、环境同治； 新五同：交通同网、能源同体、信息同享、生态同建、环境同治
太榆	2001	太原、榆次	省会城市、地级市	中心距离 25 km	成为带动全省经济发展的增长极	十同：规划同筹、制度同构、市场同体、产业同链、科教同兴、交通同网、设施同布、信息同享、生态同建、环境同治
合淮	2007	合肥、淮南	省会城市、地级市	中心距离 100 km	形成皖中北地区一个比较完整的经济、政治、文化中心，有利于促进安徽中北部的城镇化与一体化	2007年11月，淮南市委八届三次全体（扩大）会议上首次提出“合淮同城化”的重要论述，以交通系统一体化、产业经济一体化、城乡功能一体化、生态环境一体化等四个一体化作为重要发展战略

续表

同城化地区	开始年份	组成城市	行政级别	地理距离	区域地位	主要做法
郑开	2005	郑州、开封	省会城市、地级市	中心距离 60 km	成为中原城市群的中心	一体化发展的协调机制、交通客运对接、电信同城化、金融同城化、质检的互检互认等
汉孝	2004	武汉、孝感	省会城市、地级市	中心距离 43 km	提升中心城市集聚力与辐射力	2004 年 4 月，湖北省政府正式提出武汉城市圈建设的“四个一体化”，即基础设施、城乡建设、产业布局、区域市场的一体化
昌九	2013	南昌、九江	省会城市地级市	中心距离 100 km	形成区域集合效应，成为支撑江西经济崛起的“双核”	2013 年江西省委十三届七次全体（扩大）会议上提出，实现“龙头昂起”，重中之重是集中力量加快推进昌九一体化，按照“规划一体化、基础设施一体化、公共服务一体化和实现产业互补对接”的总方向规划与推进

资料来源：根据王德，宋煜，沈迟，等. 同城化发展战略的实施进展回顾[J]. 城市规划学刊，2009(4):74－78；秦尊文. 武汉孝感同城化问题研究[J]. 中国地质大学学报（社会科学版），2009,9(4):13－16；中国经济网 http://www.sina.com.cn，2010－03－02；以及各地相关规划整理。

三、人口的空间动态成为城市群区域经济发展研究的新热点

随着各都市圈、城市群“1 小时经济圈”的规划实施，相邻城市之间的交通、信息、人才、资金等要素流动更为畅通，各城市群板块正因这种“时空颠覆”呈现出同城化的发展趋势，如长株潭、太榆、合淮等都提出了同城化的建设理念与思路。作为城市群同城化区域经济联系与沟通的重要纽带和载体，人口的空间动态成为区域经济发展研究的新热点。

由于行政区经济与地方利益最大化所导致的诸侯割据状态的制度性障碍、经济发展差距的阶段性障碍、共同利益的协调性障碍、交易费用偏高的流动性障碍，城市群地区的同城化整合发展与利益分享仍面临"囚徒困境"，很大程度上影响了资源、信息、人口等要素的有效流动。因此，如何突破行政区域界限，有效引导城市群地区同城化城市间资源、资金、人口等要素的迁移流动与合理分布，使人口空间动态与区域经济发展有机耦合，不仅关系城市群地区经济发展整体竞争力的提升，也是实现城市群地区同城化战略的重要途径[①]。

第二节 研究目的与意义

一、研究对象

以中部新兴城市群地区的同城化区域为例，重点考察太原城市群、皖江城市带、中原经济区、武汉城市圈、鄱阳湖生态经济区、环长株潭城市群等地区人口空间迁移与流动的时间序列数据和截面数据，揭示这些地区在同城化态势下人口空间动态与区域经济发展的互动关系，重点解构基于同城化背景下以"民众"为主体的人口空间动态变化的维度[②]。

二、研究目的

1.解析同城化视域下人口空间动态的基本特征

本研究旨在重点解构基于同城化背景下以"民众"为主体的人口空间动态变化的维度：一是人口空间迁移流动的群体，二是人口空间迁移流动的运动轨迹或路径选择，三是人口空间迁移流动的行为方式或行为动机，四是人口空间迁移流动的行为周期。

2.探索同城化视域下人口空间动态与区域经济的互动影响与机理

通过着重对比分析中部新兴城市群地区人口空间动态的现状及基本特征，旨

---

① 曾群华.基于同城化视角的人口空间动态与区域经济发展的耦合机理研究[J].城市观察，2014(6):61-66.

② 基于数据的可获得性与可行性，且本研究的中部城市群同城化地区的萌芽始于2000年前后，故人口迁移的分析选取2000年后近十年的数据。同时，各区域提出发展同城化的战略构想是自2005年"深港同城化"被提出以后，故本研究人口空间动态的模式分析选取了2000、2005、2010、2015年四个时间截面进行分析。

在解析其同城化发展态势给人口的空间行为过程与模式带来的新诉求与动因机理，这主要源于人口空间动态变化的主体对更低交易费用的追求以及同城化区域经济的融合、同城软环境的完善、同城公共服务的均等共享等诉求[①]。

3. 解析人口空间动态与区域经济发展的耦合关联

人口空间动态与区域经济发展之间的作用与影响是互动的。一方面，同城化区域中心城市与周边城市经济发展的不平衡推动了人口空间分布与迁移流动的变化；另一方面，人口空间动态响应的双向性与差异性又反作用于区域经济发展。两者之间的互动影响与耦合关联性是本研究的关键。

4. 提出引导同城化区域人口合理分布与迁移流动的策略

如何调整同城化城市之间现存的利益差异格局，建立适当的利益诉求与协调机制，并以此引导人口合理分布与迁移流动，是同城化中心城市与周边城市政府面临的政策难题，这也是本研究的策略研究之所在。

三、研究意义

由于行政区经济与地方利益最大化所导致的诸侯割据状态的制度性障碍、经济发展差距的阶段性障碍、共同利益的协调性障碍、交易费用偏高的流动性障碍，城市群地区的同城化整合发展与利益分享仍面临“囚徒困境”。因此，如何突破行政区域界限，有效引导城市群地区同城化城市间资源、资金、人口等要素的迁移流动与合理分布，不仅关系城市群地区经济发展整体竞争力的提升，也是实现城市群地区同城化战略的重要途径。

1. 理论意义

本研究首次以城市群地区的同城化发展态势为视域，不仅为考量同城化的中心城市与周边城市的人口迁移与流动模式以及人口空间分异规律提供了借鉴，有助于更好地理解同城化态势下人口空间演变这一复杂城市社会现象的动因机理，而且宏观上也为中心城市与周边城市的城市规划、经济发展、文化交融等方面的科学设计提供了重要参考，为同城化城市之间的空间管治政策提供了重要依据。

---

① 曾群华. 基于同城化视角的人口空间动态与区域经济发展的耦合机理研究[J]. 城市观察，2014(6)：61－66.

2.现实意义

国家“十二五”规划纲要明确规定中部地区应重点推进太原城市群、皖江城市带、鄱阳湖生态经济区、中原经济区、武汉城市圈、环长株潭城市群等区域发展,“十三五”规划纲要强调深入实施中部崛起区域发展战略,推动城镇化与产业支撑、人口集聚有机结合,形成重要战略支撑区,促进区域协调、协同、共同发展。本研究以中部新兴城市群为案例,探讨在同城化发展态势下的人口空间动态与区域经济发展的互动影响,从更微观的要素视角为中部崛起战略提供了现实借鉴。

第三节 研究设计和框架体系

一、研究思路

本研究在已有研究成果的基础上,以空间经济学、经济学、人口地理学、社会学等相关学科理论为指导,以中部新兴城市群的同城化区域人口空间动态的时间序列分析与截面分析为逻辑起点,沿着“历史演变—现实维度—机制机理—模式选择—耦合关联—策略选择”的研究路径,将同城化视域下人口空间动态的诉求机制与动因机理架构于更低交易费用的利益诉求之上,详细解析同城化背景下人口空间行为过程与模式选择,深入探讨同城化视域下人口空间动态与区域经济发展的互动影响及其耦合关联性,并基于此提出同城化战略下引导人口合理分布与流动的策略。

二、技术路线

本研究以人口空间动态的“时间—维度—机理—空间”为解析路径(见图1-1),在对中部新兴城市群同城化区域人口空间与区域经济发展互动关系分析的基础上,提出同城化视域下人口空间合理分布与迁移流动的策略。

本书的研究技术路线见图1-1。

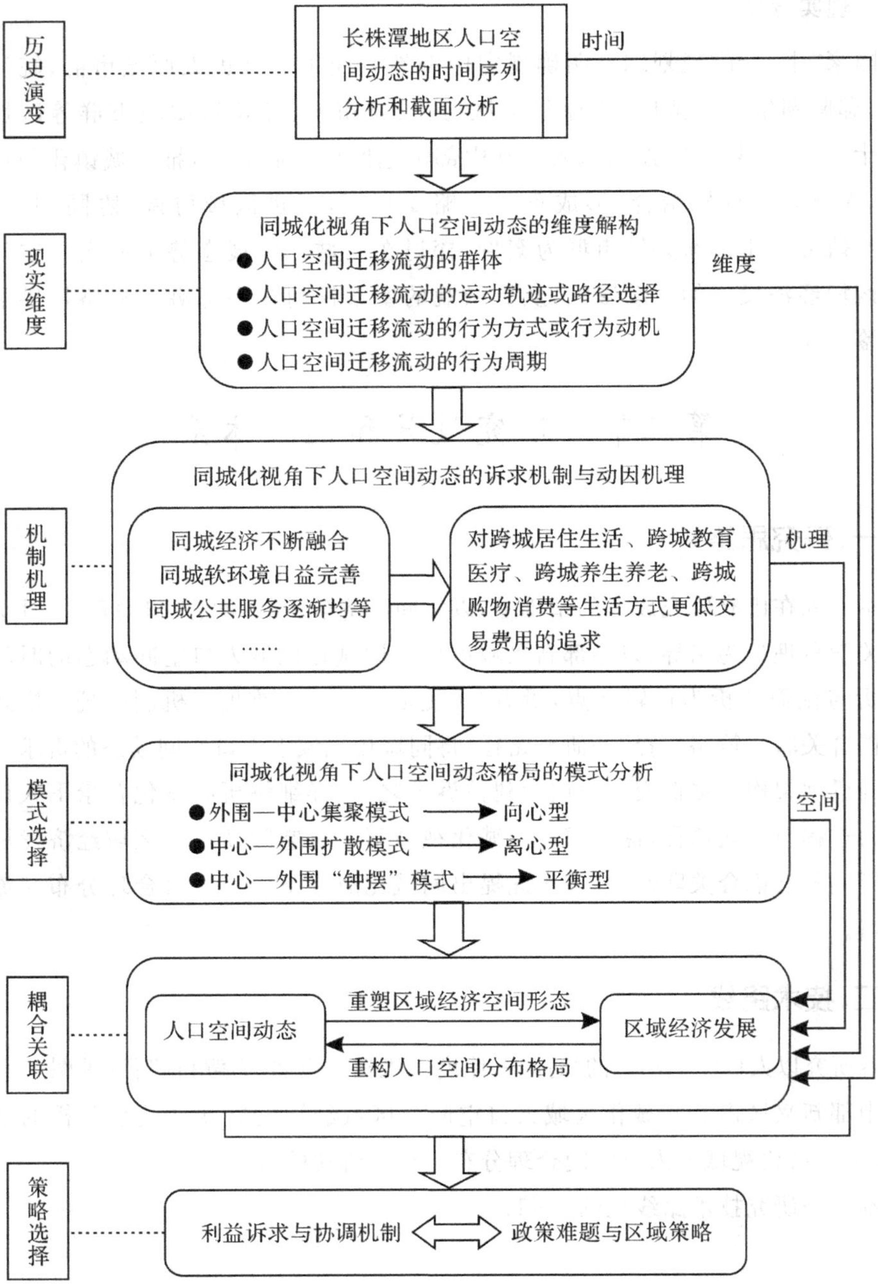

历史演变

长株潭地区人口空间动态的时间序列分析和截面分析

时间

现实维度

同城化视角下人口空间动态的维度解构

- 人口空间迁移流动的群体
- 人口空间迁移流动的运动轨迹或路径选择
- 人口空间迁移流动的行为方式或行为动机
- 人口空间迁移流动的行为周期

维度

机制机理

同城化视角下人口空间动态的诉求机制与动因机理

同城经济不断融合
同城软环境日益完善
同城公共服务逐渐均等
……

对跨城居住生活、跨城教育医疗、跨城养生养老、跨城购物消费等生活方式更低交易费用的追求

机理

模式选择

同城化视角下人口空间动态格局的模式分析

- 外围—中心集聚模式 → 向心型
- 中心—外围扩散模式 → 离心型
- 中心—外围“钟摆”模式 → 平衡型

空间

耦合关联

人口空间动态 → 重塑区域经济空间形态 → 区域经济发展

区域经济发展 → 重构人口空间分布格局 → 人口空间动态

策略选择

利益诉求与协调机制 ⟺ 政策难题与区域策略

图 1－1　研究技术路线

三、研究内容

本研究共分八章内容，具体如下。

第一章是引论。本章阐述中部新兴城市群同城化视域下人口空间动态与区域经济发展的相关背景、研究意义、基本内容、思路框架、技术路线与研究方法等。

第二章是理论解析与研究综述。本章通过对城市群、同城化的概念，以及人口空间迁移理论、区域经济学、人口经济学等相关理论的文献梳理和研究评述，为全书奠定了理论和方法基础。

第三章是中部新兴城市群发展与同城化区域人口空间变化分析。本章对中部新兴城市群同城化区域近些年来人口空间动态变化进行了分析，旨在揭示中部新兴城市群的几个典型的同城化区域的人口时空演变特征，考量新兴城市群地区同城化发展态势下人口空间动态的维度，厘清其人口空间响应特征，为进一步探讨人口空间动态的诉求机制与动因机理提供数据支撑。

第四章是中部新兴城市群同城化视域下人口空间动态的诉求机制与动因机理。本章在对中部新兴城市群地区经济社会的融合发展、交易费用的不断降低、区域软环境的日益优化等分析的基础上，解析同城化发展态势给人口的空间行为过程与模式带来的诉求机制与动因机理。

第五章是同城化视域下中部新兴城市群人口空间动态格局的模式选择。本章通过空间自相关模型对中部新兴城市群的典型同城化区域的人口空间动态特征进行分析，解析各个同城化区域中心城市与周边城市的人口的集聚性，深入探讨同城化视域下人口空间动态格局的不同模式选择。

第六章是同城化视域下人口空间动态与区域经济发展的互动影响与耦合关联。本章通过实证深入分析人口空间动态与区域经济发展之间的互动影响，探究其耦合关联机理。

第七章是同城化视域下人口空间的合理分布与迁移流动策略。本章在详细解析人口空间动态过程的诉求机制、模式选择及其与区域经济发展的互动机理的基础上，提出同城化战略下引导人口合理分布与流动的策略。

第八章是总结与展望。本章对本书的理论方法探索与实证研究进行系统的总结，并提出后续研究的展望。

四、研究方法

(1)理论研究和实践研究相结合：包括资料收集法、文献综合分析法、实地考察法等，了解新兴城市群同城化的人口空间动态现状及存在问题，概括总结其基本特征、诉求机制与动因机理等。

(2)多学科交叉融合的方法：运用 ArcGIS、CorelDRAW、SPSS 等软件对研究区域的相关图件、数据进行整理分析，运用空间经济学、区域经济学、地理学、人口经济学、社会学等多学科交叉融合方法，解读同城化视域下的人口空间动态与区域经济发展的互动关系。

(3)计量分析法：以实证调研和文献数据为基础，对数据进行计量对比处理，并从时间和空间维度研究同城化视域下人口空间动态与区域经济发展的耦合关联性。

(4)比较研究法：对比研究不同新兴城市群同城化区域人口空间动态的特征与模式及其与区域经济发展的互动机理。

第四节　研究创新之处

一、研究视域的创新

本研究与以往人口空间研究最大的不同在于，以新兴城市群区域经济发展的新趋势——“同城化”为研究视域，探讨基于同城化背景下人口的空间动态响应与区域经济发展的互动影响。

二、研究维度的创新

以往研究显示，城市人口空间演变的主导力量在很大程度上是以政府行为以及商业利益群体行为为主，民众的影响力相对较小。本研究提出“民众”是同城化视域下人口空间动态“维度主体”的主导力量，并重点解构其人口空间动态变化的四个维度。

三、研究方法的创新

本研究基于同城化区域更低交易费用的利益诉求，运用GIS空间自相关模型探讨人口空间动态与区域经济发展的相关性，构建人口空间动态与区域经济发展的耦合相关模型。

第五节　本章小结

本章从研究背景与依据、研究目的与意义、研究思路与技术路线、研究内容与方法等方面对本研究进行了简要介绍，为后面论述的展开提供总体思路与基本研究框架。

第二章

理论解析与研究综述

第一节　理论基础

一、城市群理论

城市群(urban agglomeration)是城市发展到成熟阶段的空间组织形式,是以中心城市为核心向周围辐射构成的多个城市的集合体,表现为地域集中分布、经济紧密联系、功能分工合作、交通联合一体,并通过城市规划、基础设施和社会设施建设共同构成具有鲜明地域特色的社会生活空间网络(顾朝林,2011)。

城市群理论研究最早可追溯至19世纪末霍华德(E. Howard)的"田园城市",他设想在"城市-乡村"有机结合的基础上,若干单体田园城市围绕中心城市构成"城市集群(town cluster)"。1915年格迪斯(P. Geddes)在《进化中的城市——城市规划与城市研究导论》中通过对英国城市发展进化的分析发现,由于生产的发展,一个中心城市或多个中心城市连同它附近的城镇,形成一个巨大的城镇集聚区,他将这种新的城市空间形式称之为集合城市(conurbations)或城市群(urban agglomerations)。1957年戈德曼(J. Gottmann)在《大都市带:东北海岸的城市化》中提出真正现代意义的城市群概念(megalopolis),他认为未来城市发展方向不再仅仅是单一的大城市或都市区,而是集聚了若干都市区并在人口和经济活动等方面密切联系而形成的一个巨大城市整体(史育龙 等,2009)。

国内对城市群的研究起步较晚,最早关注城市群问题的是城市地理学家。严重敏(1964)根据国际地理联合会城市地理1962年会论文集中克里斯泰勒(W. Christaller)城市的层次结构翻译的"城市的系统",可能是国内最早关于城市群研究的文献。宋家泰(1980)在《城市-区域与城市区域调查研究:城市发展的区域经济基础调查研究》中首次使用城市群术语,提出了"城市-区域"是城市发展的基础和根本,是城市与周边有紧密联系地区之间的特定地域结构。于洪俊、宁越敏(1983)在《城市地理概论》中将"megalopolis"译为"巨大城市带",并介绍了戈德曼思想。崔功豪(1992)在《中国城镇发展研究》一书中对戈德曼的城市带进行了详细的介绍,包括城市带概念和特征、城市带形成发展机制、城市带理论在中国的实践等。姚士谋等(2001)通过对中国城市群展开系统研究,认为城市群是指在特定的地域范围内具有相当数量的不同性质、类型和等级规模的城市,依托一定自然经济条件,形成的以一个或两个特大城市为核心的城市"集合"。顾朝林(2011)发表的《城市群研究进展与展望》从城市群概念、城市群国外研究、中国城市群的早期研究、中国城市群作为国家战略的研究等层面进行系统阐述,提出中国城市群形成机制较西方发达国家和地区复杂得多,在全球化背景下,中国城市群研究应结合中国国情,近期研究可集中在经济全球化背景下的中国城市群空间格局、转型经济及其增长对中国城市群空间布局的影响、不均衡城市化空间增长的公共政策研究等方面。李仙德、宁越敏(2012)在《城市群研究述评与展望》一文中提出,应结合第六次人口普查数据,通过对不同空间尺度城市群集聚与扩散模式的深入分析,加强对都市区和城市群界定的研究,建立起中国城市群研究范式。方创琳(2014)在《中国城市群研究取得的重要进展与未来发展方向》中以现有城市群研究成果为基础,反思目前中国城市群发展暴露的问题,探讨未来中国城市群选择与培育的重点方向为:以国家战略需求为导向,推动形成“5＋9＋6”的中国城市群空间结构新格局,并以此为依托形成“以轴串群、以群托轴”的国家城镇化新格局。黄金川、陈守强(2015)采用综合分类思想对中国 23 个城市群进行定量类型划分和空间分异分析,最终将它们划分为国家级成熟外向型、国家级双核赶超型、区域级双核赶超型、次区域级环境友好型、地区级环境友好型、区域级单核辐射型、地区级单核辐射型、区域级内陆粗放型和地区级内陆粗放型共 9 个类型,为实施因地制宜的空间格局优化和分类管理的规划引导提供科学依据。童中贤、曾群华(2016)以长江中游城市群为研究对象,探索城市群空间整合的模式与路径。李嬛等(2016)采用空间平滑核密度估算法、空间溢出系数、局域空间聚类指数、关联度滞后效应模型和因果检验模型等方法,系统分析我国长江经济带沿江城市群的空间分布格局以及上、中、下游地区联动机理。

随着城市化进程的进一步加速,城市群在我国城市和区域规划中得到广泛应用,并已上升为国家发展战略,有关城市群的研究也进一步拓展至空间结构、人口分布、经济特征等方面。尽管目前国内对城市群仍缺乏普遍认可的、清晰的界定,但普遍认同城市群是由一个或多个中心城市与若干周边城镇组成的、社会经济联系紧密的经济集合体,是一个依托发达交通网络与信息网络组成的相互依存、相互制约,具有一体化倾向的协调发展区域(曾群华 等,2012)。

二、同城化理论

都市圈的概念最早来源于日本,1960 年,日本行政管理厅对都市圈的概念进行了修正,提出大都市圈的概念,指出大都市圈的外围地区到中心城市的通勤率不小于本身人口的 15%,大都市圈之间的物资运输量不得超过总运输量的 25%(张京祥 等,2001)。这种从中心城市与外围城市的通勤率的界定在很大程度上反映了区域内城市之间的经济、交通等联系度,与我国同城化对“1 小时交通圈”的界定极为相似。真正现代意义的城市群概念是法国学者戈德曼(J. Gottmann,1957)1957 年在考察北美城市化后发表的论文 *Megalopolis or the Urbanization of the Northeastern Seaboard of the United States* 中提出的一个全新的城市群体(megalopolis)概念,指出城市群应具有高度稠密的城镇基础设施和高效率的网络流通体系的鲜明特征。国际大都市交通圈的通勤出行范围一般为 100 千米,通勤时间在60分钟之内;50千米内则是大都市的主要通勤交通圈,通勤时间在30分钟之内(李仁涵,2007)。国外学者对大都市圈的通勤率划分以及对交通圈的时空界定给首创于国内的同城化理论与实践提供了重要的借鉴与启示。

2005年深圳市政府发布《深圳2030城市发展策略》,在其区域发展策略中提出"加强与香港在高端制造业、现代服务业以及其他领域的合作,与香港形成'同城化'发展态势",这是国内首次提出的"同城化"概念(深圳市规划局,深圳2030城市发展策略,2005)。自此以后,国内众多学者和专家根据各期的区域经济发展态势,从不同的视角对同城化的内涵提出了自己的观点。随着近年来国内各区域板块实施同城化战略的发展与规划,越来越多的学者从不同的视角对同城化的概念进行了探讨和研究。从理论研究看,最早明确提出"同城化"概念的是高秀艳、王海波(2007),自此以后,众多学者从不同角度提出了同城化的概念。邢铭(2007)在《沈抚同城化建设的若干思考》中,以沈抚同城化为例,认为同城化是区域经济一体化和城市群建设过程中的一个重要阶段,是区域城市间经济和社会发展到一定程度的必然趋势。王德等(2009)发表的《同城化发展战略的实施进展回顾》提出,同城化战略是城市经济社会发展到一定阶段,提升城市竞争力、突破现行治理模式的产物,具有空间准入门槛。针对同城化的动力机制与合作模式,国内学者也展开了大量的实证、案例研究(桑秋 等,2009)。根据国际上都市圈核心交通圈的界定,国内学者提出同城化必须具备的元素之一是30~60分钟内高密度的城际公交化高速铁路(阎泽,2010),赵英魁等(2010)指出同城化区域通常是以构筑"1小时生活圈"为界,区域内居民的日常生活、工作往来像生活在一座城市般的频繁。对同城化的发展思路以及同城化与都市圈、区域一体化的关系梳理(高秀艳 等,2007;王振,2010;曾群华,2012)等方面也受到学界的普遍关注。段德罡等(2012)认为同城化与一体化在本质和目标上是一致的,将同城的范围涵盖至中小城市、县城和镇,并将同城化模式划分为"毗邻型"和"遥望型"两种类型,其中"遥望型"又包括"共筑新城""分散组团""生态绿核+卫星城镇"三种模式。曾群华(2013)对国内同城化的研究概况与进展进行了相对详尽的归纳和总结,提出可借助同城化龙头作用带动相邻区域发展。魏宗财等(2014)采用文献综述、实地调查、半结构式访谈等研究方法,以广佛同城化为例,对同城化规划实施及其动力机制进行了深入研究。

尽管国内学者对同城化的界定各有差异,但目前较为普遍的看法是:同城化是指地域相邻、经济和社会发展要素紧密联系的城市之间为打破传统城市间的行政分割和保护主义限制,以达到资源共享、统筹协作、提高区域经济整体竞争力的一种新型城市发展战略。综合各种不同视角的同城化定义可以得出,同城化主要具有几个基本特征:地域相邻、产业互补、经济相连、区域认同。通过相邻城市间行政边界的逐步淡化与模糊,城市基础设施、服务功能等被更多的城市共享,区域交流更加频繁,资源要素共同配置,从而在产业定位、要素流动、城市发展、生态环境、政策措施、社会事业等各方面形成高度协调和统一，使居民弱化原有属地观念，共享同城化所带来的发展成果，从现实上形成同城化发展的局面(曾群华 等，2012)。

三、区域经济学理论

区域经济学是指一定区位条件下的生活中相互作用的一群人，或者说相互作用的一群人之空间分布，包含经济空间秩序、研究稀缺资源地理分布、经济活动的空间表现形式、经济活动的空间分布与协调(杨开忠，2008)。区域经济学活动按主体不同可分为企业活动、家庭活动和公共活动，在完全自由市场经济中，依靠着生产者和消费者之间的自由交换来决定什么活动在什么地方进行(白永秀，2007)。

近些年来，区域经济学的研究重点主要集中在区域产业发展、区域经济发展、城市与城市化、区际关系、区域差距、区域资源与生态环境、区域金融和区域政策与管理等重点领域(侯蓉 等，2012)。李兴旺等(2011)通过对国内外产业集群识别文献的梳理，为我国“雏形期”产业集群识别提出了一种新的比较科学的判定方法——“四能力维度”判定方法(集聚能力、开放能力、竞合能力、创新能力)。王荣斌(2011)选择了地理环境、要素投入、增长过程、政策扰动 4 个稳态因子研究中国区域经济增长的条件趋同，认为在上述 4 个稳态因子的综合作用下，1978—2008 年中国区域经济增长没有发生绝对趋同，但出现了条件趋同，趋同速度仅仅为 1.4%。杨华磊(2013)在有关空间结构演化方面认为传统视角是以产业空间组织作为空间结构演化的观察变量，最新视角则是从“经济地形”考察中国区域经济空间结构演变规律，人均 GDP 比毗邻省份都低的“经济盆地”或者人均 GDP 比毗邻省份都高的“经济高原”在地理空间上呈现带状聚集性。张战仁(2013)认为中国区域创新发展呈现极大的空间差异，为实现追赶，中西部地区不能一味地寄希望于不断增大的创新投入规模，为产生创新生产成本节省及空间报酬递增效应，需要更多地着力于区域创新集聚互动体系的构建，以夯实创新发展的集聚互动基础，实现对现有创新资源的最有效利用。在经济发展进入新常态发展的背景下，李春艳等(2015)在区域协作方面认为各省份应进行科学产业定位，以共同利益为纽带建立经济合作机制；在发展路径方面，应从城乡一体、创新驱动、现代物流、流域开发等方面共同推进经济带建设；在探索创新方面，各省份应结合实际情况，制定有针对性的发展政策，实现差异化路径；在发展驱动方面，国家层面应给予积极的政策支持，为经济带建设提供可靠的制度保障。在协同创新过程中，白俊红等(2015)认为政府科技资助、企业与高校的联结以及企业与科研机构的联结对区域创新绩效有显著的影响，区域间创新要素的动态流动有利于知识的空间溢出，从而促进了区域创新绩效的提升。马茹(2016)认为区域经济一体化是区域经济发展的趋势，目前，地方政府区域发展战略发展规划的话语权逐步增大，导致区域发展战略碎片化严重、区域发展战略过于追求效率目标等问题突出，其提出必须将公平协调作为未来区域发展战略的重要内容，完善相关法律制度环境，形成区域经济一体化战略实施合力，从而加速推进区域经济一体化进程。创新机制在区域经济发展中日益起到关键作用，杨春柏等(2017)提出我国的区域经济经过30多年的发展，创新速度及质量虽稳健上升，但也存在管理机制不健全、创新方式不持续和支撑体系不配套等问题，建议通过完善管理机制，强化自主创新、构建区域协同创新发展系统，促进创新对区域发展的推动作用。

综上所述，我国区域经济发展研究在总结规律特征的基础上提出了未来发展的动力和路径选择，以推进我国区域协调发展的战略为主要研究内容，深入分析区域协调发展的科学内涵、判别标准以及促进区域协调发展的新型机制等，针对城市未来的发展，更要积极探索区域协调、一体化发展道路，这正为同城化的发展奠定了一定的理论基础。

四、人口经济学理论

人口经济学主要通过分析人口变动与经济增长或经济发展的相互影响，研究人口变动的经济因素以及人口现象与经济现象的相互关系(李仲生，2002)。人口经济学本质上属于经济学的范畴，是从经济学的角度研究人口问题。西方正式提出人口经济学命题的是英国经济学家W. B.雷德韦(1939)，其在《人口缩减经济学》一书中，分析了降低人口增长率所产生的经济效果。美国人口经济学家J. J.斯彭格勒(1944)在《人口增长经济学概论》中分析了人口增长与经济发展的关系(彭松建，1987)。哈丁(2007)的人口论认为，尽管占世界人口大多数的发展中国家还在经历人口增长的过程，但是当一国经济社会发展到一定阶段的时候，其人口增长率呈现出了不断下降的趋势，部分西方发达国家甚至出现了人口负增长的现象，这些都是不争的事实。亚当·斯密(2008)认为经济发展的动因是人口绝对水准的增长，通过“分工的利益”影响劳动生产性。大卫·李嘉图(2008)认为生产超过人口的增长，也是不能永远持续稳定的增长，“是因为人口增长常常是持续的，而土地的数量有限，质量又有差别，在土地上按照比例关系投入资本的各种增加部分使生产率减退”，从而产生了人口压力。马尔萨斯(2008)的《人口论》提出了人口增长和生活资料增长的两个级数的假说，把人口过剩的原因归结为食物增长赶不上人口增长，而食物增长落后于人口增长是由于收获递减规律的作用，主张对人口增殖加以抑制。西方对人口经济学的宏观研究主要集中在人口变动与经济增长、经济发展的影响以及经济条件、经济增长对人口变动的影响，微观上主要探讨家庭规模的经济效应与经济决策、人口投资和人口经济效益等方面(彭松建，1987)。

我国学者张纯元(2002)认为人口经济学主要研究人口与经济的关系，旨在阐明人口经济运动过程中人口与经济相互关系及其变化的客观规律，即人口经济规律。国内的学者对于人口经济学的理论研究主要集中于人口经济学理论、人口与经济发展的关系以及人口与资源环境的关系等方面(赵婕,2015)。从人口经济学理论看,李仲生(2005)论述了古典经济学派中有关人口与财富、人口与收入、人口与资本之间关系的人口经济学说,并于2006年阐述了20世纪中叶以来有关人口与收入、经济适度人口增长的确定等适度人口增长理论(李仲生,2006)。梁冬等(2005)基于对马尔萨斯思想体系的理解,试图探讨和梳理在人口理论和经济学理论之间存在的内在逻辑一致性的关系,并进一步分析其能成为"有效需求理论"的开拓者和奠基人的深层原因。赵菊花(2012)对现有的人口与经济发展关系的理论研究进行了回顾。

人口与经济发展的关系研究相对较多,张效莉等(2006)以运用Granger因果分析方法和协整技术为支撑,探讨了中国人口增长率与经济发展水平之间相互作用的数量关系。梁强等(2010)就人口增长与经济发展相互作用进行了实证分析。左学金(2010)在综述马尔萨斯以来相关人口经济理论的基础上,提出人口增长对经济发展的影响是复杂的非线性关系。封志明等(2013)通过构建人口经济一致性系数和人口经济偏离度指数等指标,认为我国分县人口集聚程度高于经济集聚水平,人口集聚呈现出显著的经济导向性,并进一步指出,要提高人口和经济发展水平,应促进区域人口与经济协调发展。刘娜等(2014)通过对甘肃省各县区1991—2011年人口和GDP数据进行相关分析,得出甘肃省人口与经济发展存在地理一致性,人口与经济匹配关系不断趋于协调的结论。杜忠潮等(2015)以关中—天水经济区城市群人口经济与资源环境发展为研究对象,认为该区域多数城市资源与人口经济在耦合协调性方面出现了衰退趋势,并提出强化该区域各城市的资源保护、环境建设,实现关中—天水经济区城市群人口与经济社会可持续协调发展的对策建议。高宝棣等(2016)从人口城镇化、经济城镇化、空间城镇化三个维度构建城镇化发展评价体系,以山东省2006、2013年的人口与经济发展状况为例,认为山东省当前仍处于人口城镇化主导的发展阶段,处于城镇化快速发展时期。李国平等(2017)在京津冀协同发展背景下研究京津冀人口与经济协调发展关系,认为在总量上京津冀地区人口增长与经济增长协调度较高,从地理集中度来看,北京、天津的人口地理集中度和经济地理集中度显著高于其他城市,人口中心、经济中心呈现远离几何重心、朝着东北方移动的趋势。

五、人口空间迁移理论

人口空间研究始于19世纪末期E.雷文斯坦(E. G. Rovenstein)对人口迁移的研究。20世纪50—60年代,各国学者主要从建立有关研究的理论基础和分析框架出发,解释人口迁移的宏观理论(曾群华,2014)。R. Herberel(1938)最早提出"推力-拉力"理论模式。P. H. Rossi(1980)在研究费城的居住流动性的基础上,提出人口迁移的生命周期模型。20世纪70年代后,人口空间与经济关系的研究逐渐从理论研究向实证研究深入，认为人口空间移动与新劳动地域分工、经济全球化和资本全球流动等密切相关。G. H. Clark 和 G. Merie(1983)认为资本增长导致移民向经济增长快的地区迁移。B. Bluestone 和 B. Harrison(1983)认为新劳动地域分工过程中分散的生产可能需要一些外地劳动力。F. C. Cindy(2004)认为户籍制度在人口流动中发挥着一定的控制功能。

近年来，随着城市群、同城化理论研究的进一步深入，众多学者开始关注城市群、同城化的人口空间迁移研究。苏飞等(2010)通过对 20 世纪 90 年代以来辽中南城市群人口分布的时空演变特征进行分析，提出空间自相关统计分析方法能够更好地揭示出人口的分布特征、人口集聚及其变化的热点等。李红锦等(2013)通过梳理珠三角外来迁移人口的特征，分析表明长期以来珠三角都是我国承接迁移人口最多的区域，并且增长速度快、就业结构高级化、空间分布比较集中；且通过耦合协调模型实证研究发现，外来迁移人口数量与珠三角多数城市经济结构之间存在很高的耦合协调关系，与少数城市的城市化水平之间存在较高的耦合协调关系，与多数城市的社会结构之间耦合协调关系较弱。王珏等(2014)以长江三角洲地区为例，以人口迁移的网络空间为切入点，从网络密度、中心势等角度对 1982—2010 年长三角地区人口迁移网络的演变进行研究，并从收入水平、迁移成本、就业机会、产业结构等方面分析了人口迁移网络的演化历经“均质离散—单核心集聚—多核心等级网络—链式空间网络”四个阶段的成因。朱江丽等(2015)通过构建城市产业-人口-空间发展指标体系，利用耦合协调度函数分析了长三角城市群产业-人口-空间整体水平以及耦合协调发展的时序特征和空间特征。李凤珍等(2016)运用人口密度模型等对 1990—2010 年广佛都市区的人口空间分布进行了研究，认为广佛都市区人口空间分布为单中心人口密度模型，同城化进程对边界地区有显著的提升作用。朱宇等(2016)对人口迁移流动时间过程及其空间效应的国内外研究进展进行了全面系统的回顾和评述，认为应分阶段系统分析人口迁移流动各具体环节及相关就业、住房、家庭等特征的时空变化及其机制，并整合各单个研究结果预测整体流迁过程的新的规律，拓展和深化人口迁移流动空间格局及其形成机制的研究。徐珊等(2016)系统分析了我国流动人口的省际变动与集疏格局，采用趋势分析和马尔科夫链等方法预测了中国省际流动人口的空间迁移趋势，并提出了中国流动人口的市民化路径与建议。王国霞(2017)基于第五次和第六次人口普查资料对中部六省 10 年的人口迁移进行格局分析研究，探讨人口迁移格局变化与区域发展的相互关系，研究结果发现：中部地区在全国人口迁移格局中的迁出地位并无较大变动，迁移人口仍集中流向东部沿海发达省份，但集聚地由珠三角向长三角转移；中部地区内部远距离省际迁移人口规模快速增长，六大城市群对迁移人口的集聚作用非常显著并有增强态势，尤以皖江城市带人口集聚变化最为突出。李晶晶等(2017)依据中国第四次、第五次、第六次人口普查的户籍人口和常住人口数据，借助泰尔指数、空间分析、回归建模等方法，分析长江经济带经济差异和人口流动的时空格局，探究人口流动对区域经济差异的影响，认为人口流动对区域经济差异的影响最为突出，其次是以工业化水平所体现的经济结构，人力资本、财政分权和区域战略的影响较小；对流出地而言，重视劳动力回流、推进人口家庭化迁移、加快工业化进程是防止乃至缩小区域经济差异的政策关键。

第二节　国内外相关文献的回顾与评述

一、中部新兴城市群的同城化发展相关文献

随着城镇化进程的加剧和中部崛起战略的实施，中原城市群、武汉城市群等新兴城市群已成为拉动中部地区经济增长、参与区域合作竞争和促进区域协调发展的重要抓手，尤其是城市群核心区域基础设施的跨区域互联，人、财、物的互流，公共服务的共享等对加速城市群的“同城化”进程起到了重要作用，如武汉城市群同城化、郑开同城化、长株潭同城化、太榆同城化、合淮同城化、昌九同城化等。

国内众多学者也积极关注中部城市群的同城化发展问题，分别从基础设施、产业发展、空间功能、资源共享、公共服务均等化等方面，探讨同城化发展模式和措施。王旭升(2007)认为在中部崛起背景下，应从发展目标协同、基础设施共建、产业互补共进、资源共享、发展空间与功能协调、实施策略同步等多个方面有序促进郑汴一体化发展。邱汉周等(2008)从区位优势等方面提出构建合淮同城化的总体构想及战略要点。秦尊文(2009)以武汉都市群中的武汉、孝感为对象，研究其同城化的基础和条件，提出通过加快基础设施建设、建设临空经济区、开展产业对接等措施促进同城化发展。杨锋梅等(2013)以太榆同城化为例分析研究旅游同城化的动力机制与合作模式。胡学英等(2016)从地理空间、经济发展、产业结构等多角度分析广佛同城化、西咸一体化和郑汴一体化的形成和特色，并提出构建昌九一体化的建议措施。曾群华(2016)系统分析了长株潭三市同城化发展的基础，并提出加快零换乘、无障碍综合交通网络体系，推动公共服务均等化和同城化，加强同城化管理体制机制建设等推进长株潭同城化发展的有效途径。张心悦等(2018)运用核心-边缘理论和博弈理论论证同城化视角下合淮“同质协作、异质互补”旅游一体化合作模式的可行性。郝慧君等(2018)从交通运输、网络通信、科教文化等方面分析了太榆同城化的发展状况，探讨太榆同城化背景下榆次区在农业、工业、科教文化和城市的知名度与吸引力等方面的发展前景。

二、人口空间动态与区域经济关系的相关文献

20世纪八九十年代以来，我国学者对人口空间分布与区域经济发展之间的相关性问题进行了初步探索，并从静态与动态角度深入研究二者之间的互动关系。随着区域经济的快速发展，经济发展与人口的空间动态之间的关系越来越凸显，近年来的相关研究也逐渐增多，尤其2011年以后的研究成果更为集中。宗跃光(1991)从城镇化发展的角度分析了天津市区的人口空间分布及其动态特征。蔡昉等(2001)通过实证分析表明，中国人口密度与人均收入水平之间存在正相关关系。朱传耿等(2001)分析研究了中国流动人口的影响要素和空间分布，发现流动人口规模与经济增长要素等关系显著。范红忠等(2003)通过对中、美、日等六国生产与人口分布进行分析，提出我国生产集中并未引起人口的相应集中，导致产生生产和人口分布的较大不一致性和较大的地区经济差异。张善余(2004)以2000年人口普查出生地资料为准，研究分析中国人口迁移态势，并提出我国人口流动主要由中部和西部部分省份流向东部和西部边疆地区。李亚丽(2004)在运用GIS技术对河南省1980—2002年二十多年来的人口的空间差异性与关联性进行分析的基础上，总结了其动态特征，探讨了河南省人口空间格局变动的影响因素，并提出了相应的措施与建议。李建等(2007)运用聚类分析方法分析了20世纪90年代以来上海人口空间变动与城市空间结构的重构。刘玉(2008)提出中国人口流动具有显著的地域集中性和空间指向性，流动人口空间分布与区域发展之间相互影响制约。文献良等(2010)详细研究了人口与社会发展的互动关系。李仲生(2011)以发达国家的人口变动与经济发展为研究对象，详细研究了经济发展和人口增长的关系。宗跃光(1991)从城镇化发展的角度分析了天津市区的人口空间分布及其动态特征。黎绍先(2013)从人口的数量、质量、结构、城市化格局等四个方面深入分析了重庆市的人口结构，研究了影响重庆人口空间分布的主要因素，并针对存在的问题提出建议和措施。周志龙(2014)指出人口空间动态是指人口空间分布的时间增量变化，并从三大经济地带和省级两个区域层面探讨了人口流动对区域经济增长的影响。王箖旭(2014)从人口迁移、人口结构和人口分布等方面分析了新疆人口空间动态的特征及其对区域经济发展的影响。赵东栋(2015)对新疆人口的空间动态分布与区域经济发展的协调程度及影响其协调发展的因素进行了分析研究。胡艳兴等(2015)运用分形、ESDA、重心转移及GWR等空间分析手段和方法，探讨了甘肃省2000年以来人口城镇化的空间演化过程及其影响因素。任凯丽等(2016)分析研究了沿黄城市群人口与经济时空耦合关系，提出人口与经济的协调发展水平向均衡方向演进。

综上，现有关于人口空间动态与区域经济关系的研究主要集中在以下几个方面：①从影响人口空间分布格局因素的角度，主要考察人口地域分布、人口城市化

和人口迁移流动三个方面与区域经济统筹发展的联动关系(胡焕庸,1986;丁金宏,1996;丁金宏 等,2005;封志明 等,2013);②从人口空间分布的经济绩效角度,分析表明人口密度与经济增长绩效之间表现出一定的正向相关性(蔡昉 等,2001;王法辉 等,2004);③从人口聚集与城市发展、城市利益等角度,认为人口聚集随着与城市距离的增加呈现出衰减特征,不同区域集聚程度不一,核心城市的人口增长快速,腹地的人口增长比较迟缓(范红忠 等,2003;杨上广 等,2004;王春兰,2010;刘睿文 等,2010;孙平军 等,2012);④从人口迁移(变动)的角度,普遍认为人口迁移尤其人口流动的空间分布与区域发展相互影响、相互制约(顾朝林,1999;朱传耿 等,2001;张善余,2004;朱传耿 等,2008;樊杰 等,2010;李仲生,2011;钟业喜 等,2011;于涛方,2012;钟志平 等,2012;周志龙,2014;任凯丽 等,2016)。从研究的尺度来看,现有研究主要集中于国家或省域等大空间尺度的人口空间动态研究,对跨区域的城市群、同城化地区的人口空间动态研究相对较少。

三、相关文献总结和评述

综上所述,国内外以往关于人口空间动态与经济发展的研究,从时效上看,人口空间动态与区域经济发展的关系研究滞后于人口增长、人口结构等与经济发展的关系研究;从相互影响看,聚焦更多的是单向的研究,主要考察流动人口或外来人口对区域经济发展的影响,两者的耦合关系研究较少;从空间尺度看,主要关注的是同一省域或市域内部的城乡人口迁移或城市与郊区化的人口空间结构变化,而针对跨区域的人口空间动态研究较少;从人口空间演变的主导力量看,多以政府行为以及商业利益群体行为为主,以民众为主体研究对象的甚少;从整体上看,国内外以往的研究只是单纯地关注人口增长、人口聚集与城市(群)或区域整体之间的关系,而未能从跨区域或跨城市的视角来考虑区际联系下的人口空间动态变化。尤其以城市群地区的同城化为视角,以民众为人口空间演变的主导力量,围绕同城化发展态势下人口空间动态与区域经济发展的耦合研究更是鲜有涉及(曾群华,2014)。

本研究以同城化为研究主线,探讨在同城化发展态势下的人口空间动态与区域经济发展的耦合关联机理,试图为考量同城化的中心城市与周边城市的人口迁移与流动模式以及人口空间分异规律提供借鉴,有助于更好地理解同城化态势下人口空间演变这一复杂城市社会现象的动因机理,而且宏观上也为中心城市与周边城市的经济发展、城市规划、文化交融等方面的科学设计提供重要参考,为制定同城化城市之间的空间管治政策提供重要依据。

第三节 相关概念界定

一、同城化的概念

（一）国内对同城化概念的界定

2005 年深圳市政府发布《深圳 2030 城市发展策略》，在其区域发展策略中提出“加强与香港在高端制造业、现代服务业以及其他领域的合作，与香港形成‘同城化’发展态势”，这是国内首次提出的“同城化”概念（深圳市规划局，深圳 2030 城市发展策略，2005）。自此以后，国内众多学者和专家根据各期的区域经济发展态势，从不同的视角对同城化的内涵提出了自己的观点。高秀艳等（2007）在《大都市经济圈与同城化问题浅析》一文中指出，“同城化”实际上是区域经济发展过程中，为打破传统城市之间行政分割和地方保护主义限制，促进区域市场一体化、产业一体化、基础设施一体化，以达到资源共享、统筹协作、提高区域经济整体竞争力的一种发展战略。随着近年来国内各区域板块实施同城化战略的发展与规划，越来越多的学者从不同的视角对同城化的概念进行了探讨和研究，国内具有代表性的同城化概念见表 2-1。

表 2-1 国内代表性的同城化概念

作者	年份	概念要点
高秀艳 等	2007	同城化实际上是区域经济发展过程中，为打破传统城市之间行政分割和地方保护主义限制，促进区域市场一体、产业一体化、基础设施一体化，以达到资源共享、统筹协作、提高区域经济整体竞争力的一种发展战略
邢铭	2007	同城化是指两个或两个以上城市因地域相邻、经济和社会发展要素紧密联系，具有空间接近、交通便利、功能关联、认同感强等特性，通过相邻城市间经济要素的共同配置，使城市间在基础设施建设、产业定位、土地开发和政府管理上形成高度协调和统一的机制，市民属地意识弱化，共享城市化所带来的发展成果的现象
闫世忠 等	2008	同城化是指在市场经济条件下，相邻城市之间各种生产要素自由流动、互为依托、功能融合、空间连绵的现象
张建军 等	2008	同城化本质上是通过两市在经济、社会、环境、空间等方面的一体化建设，构建联合大都市区的过程

续表

作者	年份	概念要点
张国栋	2008	同城化是经济社会发展到一定程度出现的一种经济和社会现象,从一定意义上来说,“同城化”也可称为“城市一体化”,指两个或两个以上城市在一定历史和现实条件下,城市的建成区在地域上相连或相近,自然环境条件和社会文化背景相似,具有发达的快速交通运输网及通信联络网,功能上互补,产业结构上联系紧密,空间结构上呈多中心格局,在行政管理上相互独立的城市“集合体”
谢俊贵 等	2009	从社会学的视角定义,同城化是没有行政隶属关系的相邻城市,借由统一的协作规划、协同运行、协调发展,实现功能的放大,从而使相邻城市的居民产生如同生活在同一城市的社会生活感受的城市整体发展过程。 从社会学的角度,对同城化作为一种社会行动的正功能和社会变迁的负功能进行了评议,认为其正功能主要体现在扩展社会发展空间、统筹社会事业发展、扩充社会资源享用、缩小社会心理距离、扩大社会交往范围等方面;而作为社会变迁的负功能方面,同城化使得社会适应难度增大、社会竞争压力增大、社会分化能力增大和社会管理难度增大等
桑秋 等	2009	同城化是城市相互作用的一种新模式,是指相邻城市空间一体化、经济一体化和制度一体化的地域过程与现象,并认为同城化是区位邻近、人文历史相似、产业结构明显互补的城市在经济社会联系达到一定程度后所呈现的空间一体化、经济一体化和制度一体化的地域现象
中共珠海市委党校“珠澳关系研究”课题组	2009	同城化是指两个或几个相邻的城市,在经济、社会和自然生态环境等方面具有融为一体的发展条件,以相互融合、互补互利,共同发展
邹辉 等	2009	同城化是指两个或几个相邻的城市,在经济、社会和自然生态环境等方面具有融为一体的发展条件,以相互融合、互补互利,共同发展;以存量资源,带动增量发展,增强整体竞争力;以优势互补、相互依托,完善城市功能,建设和谐宜居城市
王劲松 等	2009	将同城化看成是两个或两个以上的邻近城市在城市发展、城市管理方面,逐步实行一致无差别的一种政策

续表

作者	年份	概念要点
李晓晖 等	2009	同城化是地域相邻的两个或多个城市之间，打破分割，通过资源整合，建构功能互补、政策与设施体系共享的系统，在互动互利中彼此促进、共同发展，最终实现区域发展的整体高级化
李恒鑫	2010	从城市圈的角度对同城化进行了界定，认为对于城市圈而言，同城化是区域经济一体化和城市圈建设过程中的一个重要阶段，既是一种状态，也是一个过程。城市圈同城化包含了三方面内容：一是商品、资金、劳动力、信息等资源要素在城市圈内城市间充分自由流动，形成统一市场；二是城市圈内城市间紧密联系与合作，形成分工明确、协作配套、优势互补、整体联动的经济发展格局；三是城市圈城市体系的不断完善，城市体系是城市圈发展最重要的特征之一，城市体系随着城市圈经济的发展而不断演化
王振	2010	同城化其实就是相邻城市的居民借助发达的交通系统和信息系统，其就业、出行、生活如同处在同一个城市，没有时空距离、没有行政隔阂，大家共享城市发展的成果。因而，同城化具有扩展城市布局空间、促进要素区域流动、缩小地区发展差距、扩大社会交往范围等积极作用
阎泽	2010	同城化是两城或多城如同一城，认为同城化作为一种客观存在的真实结构，一般应具有以下实在的、不可或缺的八大元素：①同属于一个经济发展共同体；②30～60 分钟内高密度的城际公交化高速铁路；③发达的多通道高速公路网线；④城市间规模、地位、经济社会发展水平的对称或基本对称；⑤城市间功能极大互补；⑥城市间文化个性的相互认同吸引；⑦公众双城双向大规模交流；⑧公众认同
李红 等	2010	将同城化定义为：在城市群发展过程中对地域相邻、社会经济联系密切的城市之间实施一体化的空间管治方式，使城市之间在地域空间、产业结构、基础设施、管理制度等方面逐渐融合，最终达到一体化发展状态的新型城市发展战略
广州市城市规划编制研究中心广佛同城化项目组	2010	同城化是指一个城市与一个或几个城市因地域相邻，在经济和社会发展等方面客观上存在着能够融为一体的发展条件；是城市间相互融合，城市化发展成果得以共同分享，居民对自己的属地观念逐步淡化的一种发展状态

续表

作者	年份	概念要点
梁文婷	2010	将具有同城化发展趋势的毗邻城市定义为同城化毗邻城市，认为同城化毗邻城市是具有特殊地缘关系的两个或者两个以上的城市，其特殊关系包括城市建成区在地域上彼此相近甚至相连，自然环境条件和社会文化背景相似，具有发达便捷的交通运输网和通信联络网，产业关联，经济和社会发展要素联系紧密，空间结构呈多中心格局等特征
秦广庆	2010	同城化是地理位置较近的两个或多个城市间，通过政府间的行政合作，开展城市间软件和硬件的对接，使劳动力、资金等生产要素可以自由流动，整合后最终达到城市功能互补和分工合理、产业结构优化、竞争力增强等优势
曾群华	2011	同城化是相邻城市之间基于更低交易费用诉求的利益博弈与利益共享的动态制度变迁过程

尽管国内学者对同城化的界定各有差异，但目前较为普遍的看法是：同城化是指地域相邻、经济和社会发展要素紧密联系的城市之间为打破传统城市间的行政分割和保护主义限制，以达到资源共享、统筹协作、提高区域经济整体竞争力的一种新型城市发展战略。综合各种不同视角的同城化定义可以得出，同城化主要离不开几个基本特征：地域相邻、产业互补、经济相连、区域认同。通过相邻城市间行政边界的逐步淡化与模糊，城市基础设施、服务功能等被更多的城市共享，区域交流更加频繁，资源要素共同配置，从而在产业定位、要素流动、城市发展、生态环境、政策措施、社会事业等各方面高度协调和统一，使居民弱化原有属地观念，共享同城化所带来的发展成果，从现实上形成同城化发展的局面。

（二）本研究对同城化的定义

同城化是伴随着城市建设和区域经济一体化出现的一个崭新的概念。本研究在综合国内外相关研究成果的基础上，认为“同城化”是指在区域一体化背景下，区内城市之间基于“优势互补、资源共享、互利共赢”的共同目标，突破行政界限，以“同城”的标准，在同质的环境中形成的相互依存、相互作用、协同发展的新型地域组合关系，是相邻城市之间基于更低交易费用诉求的利益博弈与利益共享的动态制度变迁过程，是区域一体化在空间上的突出表现形式(曾群华，2011)。

对同城化核心内涵的理解，可以从以下三个方面予以把握。

1. 区域一体化是区域同城化的必要前提

同城化总是相对于一个区域或者一个城市群内部各相邻城市而言的，只有位于同一个区域或城市群内的相邻城市之间才有实现同城化的可能。但相邻的地理位置仅仅提供了相邻城市实现同城化的现实可能性而不是现实本身,只有在区域一体化的基础和前提下,这种可能性才能转变为现实性。因此,区域同城化的过程从本质上讲,就是区域一体化发展的一种空间响应过程和重要的路径选择形式(课题组,2011)。

2.区域中心城市核心地位的提升是区域同城化的必然要求

一是"谁"与"谁"同城?同城化总是针对区域中心城市与周边城市而展开的,是中心城市与周边城市的一种互动过程。互动的基础,在于中心城市与周边城市之间由于各自的资源禀赋条件和城市功能定位而客观存在的经济社会发展差异或资源互补性特征。差异性越大,互补性越强,互动性越频繁,联系性越紧密,同城化的效果就越明显。从空间范围和行政隶属关系上看,相邻城市之间的同城化效应又可分为两种类型:一是发生于次区域或局域范围内(如同一个省份内)的同城化,如目前辽宁的沈抚、陕西的西咸、湖南的长株潭、安徽的合淮、山西的太榆、广东的广佛等;二是发生于跨省市之间的区域同城化,如长三角、京津冀等。显然,后一种同城化类型的难度将更大,但同城化的效果亦将更显著(曾群华 等,2012)。

二是谁"同"谁的"城"?同城化既表现为周边城市不断向中心城市看齐,通过一体化的措施和手段不断分享中心城市的各类优势市场资源和要素资源;又表现为中心城市通过产业优化与转移、综合服务功能的完善和城市能级的提升,不断增强对周边城市的辐射、扩散、服务、示范等作用,带动周边城市形成与其"同质"的局面,以不断摆脱其地域狭小、人口与要素密集、人类活动强、商务成本居高不下、发展环境趋于恶化等不利因素的阻碍和困扰。因此,同城化既是周边城市借助中心城市的优势资源不断融入"同城"的叠加与累积过程,也是中心城市通过集聚与辐射功能的发挥不断提升和强化其区域核心地位的渐进过程,更是彼此积极缩短时空距离、充分发挥各自的比较优势和竞争优势、共享区域整体发展效益的过程。鉴于同城化进程中区域中心城市的主导作用,不断提升中心城市的区域核心地位也就成为引领和带动周边城市追寻与其同城的内在诉求(曾群华 等,2012)。

3.周边城市主动接轨中心城市是实现区域同城化的必由之路

在同城化的互动过程中,周边城市往往处于被动、依附的地位。如何化被动为主动?关键在于在区域一盘棋的整体背景下找准自己的战略位置,明确与中心城市的战略关系,通过主动接轨中心城市、主动接受中心城市的辐射等系列方针和举措,形成与中心城市紧密关联、优势互补、错位发展、差异化竞争的新格局。20世纪90年代以来与上海紧紧相邻的浙江浙北地区与江苏苏南地区通过自身区位优势采取"依托上海、错位发展"的发展方针,取得了巨大的发展成就,即为周边城市调整发展战略主动接轨中心城市的明例。

二、人口空间动态

人口是指生活在一定时间、一定地域、一定生产方式下，具有一定数量和质量的人所组成的社会群体(陈慧琳,2013)。作为社会经济活动的主体，人口在区域经济发展过程中亦随之发生自然和机械的变化，人口在其发展过程中的空间变化主要表现为各种人口现象的空间响应及其地域差异，即人口空间动态，主要反映人口与自然、经济各要素之间相互影响和相互制约的关系。本研究主要从人口的自然增长、人口的规模、人口的空间分布、人口迁移主体的特征等方面分析同城化视域下人口空间动态与区域经济发展之间的耦合关系。

三、中部新兴城市群

国家“十二五”规划纲要明确规定中部地区应重点推进太原城市群、皖江城市带、鄱阳湖生态经济区、中原经济区、武汉城市圈、环长株潭城市群等区域发展。“十三五”规划纲要强调制定实施新时期《促进中部地区崛起规划》,2016 年 12 月，国务院批复《促进中部地区崛起“十三五”规划》,指出中部地区的 6 大城市群是支撑中部崛起、增强区域竞争力的重要增长极。本研究所指的中部新兴城市群是太原城市群、皖江城市带、鄱阳湖生态经济区、中原经济区、武汉城市圈、环长株潭城市群，同时探讨在同城化发展态势下的人口空间动态与区域经济发展的互动影响，以期从更微观的要素视角为中部崛起战略提供现实借鉴。

四、中部新兴城市群同城化区域

以太原城市群、中原经济区、皖江城市带、武汉城市圈、鄱阳湖生态经济区、环长株潭城市群 6 个中部新兴城市群之间交通可达性与邻域空间距离为基础，以区域之间的经济联系度为支撑，本研究的中部新兴城市群同城化区域指太原城市群的太原与榆次(以下简称“太榆”),中原经济区的郑州与开封(以下简称“郑开”),皖江城市带的合肥与淮南(以下简称“合淮”),武汉城市圈的武汉与孝感(以下简称“汉孝”),鄱阳湖生态经济区的南昌与九江(以下简称“昌九”),环长株潭城市群的长沙与湘潭、株洲(以下简称“长株潭”)地区。

第四节　本章小结

本章梳理了城市群、同城化、区域经济学、人口经济学、人口空间迁移等相关理论认知，并对国内外相关文献进行了简要回顾与评述，同时对相关概念进行了基本界定。国内外以往关于人口空间动态与经济发展的研究滞后于人口增长、人口结构等与经济发展的关系研究，对两者的耦合关系研究较少，针对跨区域的人口空间动态研究，尤其以城市群地区的同城化为视角，以民众为人口空间演变的主导力量，围绕同城化发展态势下人口空间动态与区域经济发展的耦合研究更是鲜有涉及。

本研究以同城化为研究主线，探讨在同城化发展态势下的人口空间动态与区域经济发展的耦合关联机理，试图为考量同城化的中心城市与周边城市的人口迁移与流动模式以及人口空间分异规律提供借鉴，有助于更好地理解同城化态势下人口空间演变这一复杂城市社会现象的动因机理，而且宏观上也为中心城市与周边城市的经济发展、城市规划、文化交融等方面的科学设计提供重要参考，为制定同城化城市之间的空间管治政策提供重要依据。

第三章

中部新兴城市群发展与同城化区域人口空间变化分析

第一节 中部新兴城市群发展现状及同城化演进特点[①]

“十三五”规划纲要强调制定实施新时期促进中部地区崛起规划，推动城镇化与产业支撑、人口集聚有机结合，形成重要战略支撑区，促进区域协调、协同、共同发展。2016 年 12 月国务院常务会议审议通过的《促进中部地区崛起规划(2016—2025 年)》提出中部地区在新的发展背景下的“一中心四区”战略定位，即全国重要先进制造业中心与全国新型城镇化重点区、全国现代农业发展核心区、全国生态文明建设示范区、全方位开放重要支撑区。新的战略定位不仅给中部新兴城市群发展带来了新的发展机遇，而且对于充分发挥中部地区比较优势，加快中部新兴城市群区域同城化的发展有重要的战略意义。

中部地区新兴城市群以太原、郑州、合肥、武汉、南昌、长沙为核心，依托陇海、长江、沪昆、二广、京广、京九“三横三纵”重点发展轴线，形成“六核六轴六组团多节点”的空间发展格局，充分发挥中心城市辐射带动作用，强化发展轴线功能，优化提升太原城市群、中原城市群、皖江城市带、武汉城市圈、鄱阳湖生态经济区、环长株潭城市群等省域核心城市群的融合发展，形成核心城市辐射带动，大中城市和小城镇合理分工与协调发展的格局(童中贤 等，2017)。

一、太原城市群及太榆同城化发展演进

太原城市群是以太原为中心，以太原盆地城镇密集区为主体构成的城市圈。2018 年，太原城市群区域面积 3.1 万平方千米，常住人口 1160 万人，占全省总人口的 31.66%；GDP 总量达 5487.43 亿元，占全省的 32.74%；人均 GDP 达 69251 元；地方公共财政收入达 483.45 亿元，占全省的 31.58%；社会消费品零售额 2565.45 亿元，占全省的 34.96%。位于山西省中东部的太原城市群不仅是全国“两横三纵”城市化战略格局中京哈、京广通道纵轴的重要节点，是全国城市群战略格局中沟通京津冀城市群与兰西城市群、宁夏沿黄城市群，中原城市群与呼包鄂榆城市群联系的重要枢纽，是华北地区重要的物流、信息流和资金流的集散地，也是中部地区重要的资源型经济转型示范区和综合配套改革的先行区，全国重要的能源、原材料、煤化工、装备制造业和文化旅游业基地。

太原和榆次位于山西省中部盆地，是太原都市圈的核心区域与政治、经济、文化和交通中心。太榆同城化主要指山西省太原市和晋中市榆次区的城市纵深一体化进程，是山西省在中部崛起背景下提出构建太原经济圈的重要组成部分。太榆同城化最早始于 20 世纪 90 年代，伴随着太原城市圈概念的提出而产生，21 世纪

① 本研究中的人口数据均为各省市常住人口。

初同城化建设进入实质性操作阶段(见表 3-1),经过十多年的融合发展,太榆两市在基础设施、产业发展、经济社会、统筹规划等方面的同城化发展不断推进。

表 3-1 太榆同城化演进历程

时间	演进历程
20 世纪 90 年代	太原晋中同城化伴随着太原都市圈概念的提出而产生
2002 年 5 月	太原市与晋中市加强经济区域合作意向明确,太原、晋中包括吕梁地区的部分县联合开发,共同发展,形成以太原为中心的全省的经济区和发展核心区
2002 年 6 月	太原与晋中区域合作正式启动,并签订太原晋中公共客运、开通旅游专线、工业经济互助、商贸合作等多项合作意向书,涉及旅游、农业、教育、交通、技术开发等多个领域
2002 年 8 月	太原和平遥之间的"太原—晋中旅游专线"开通,两地互通了旅游专线车
2002 年 12 月	山西省首条城际公交线路 901 路(太原火车站—榆次老城)开通,两地有 30 台互通交通车,双方全天往返合计 150 趟,同城化建设进入实质性操作阶段
2005 年	《山西省城镇化发展纲要》提出增强太原的城市集聚辐射功能、加快太原都市圈发展的任务,确立了太原市与晋中市榆次区"同城化"的发展目标,即建设大太原都市圈
2006 年 1 月	太原市与晋中榆次区的"同城化"建设首次写进全省国民经济和社会发展计划的报告中,同时启动太原经济圈规划编制工作
2007 年	太原晋中同城化首次写入了省政府工作报告
2008 年 12 月	太原与晋中广电有线网络正式对接
2009 年 1 月	《太原经济圈规划纲要》中对未来太原经济圈的发展框架、发展目标、发展途径等内容进行了初步设计,将太原市区和榆次置于核心圈层位置,提出"十同"目标
2009 年 11 月	国家发改委发布的《促进中部地区崛起规划》,首次将同城化纳入国家级层面,明确提出,稳步推进以太(原)榆(次)为中心,公交、电信、金融、市政设施等领域"同城化"发展;以太榆同城化为中心,将太原市建设成为全国重要的清洁能源与技术创新基地
2010 年 6—7 月	《太原城市群和经济圈发展研究》成为全省转型发展的重要课题,并着手开展调研分析

续表

时间	演进历程
2011 年 7 月	撤销许西收费站，搬掉了阻碍两地交通的“拦路虎”，加快了太榆同城化的发展脚步
2012 年	提出了以太原都市圈为核心的“一核一圈三群”城镇化发展布局，将太原晋中同城化纳入省级统筹，并列为全省“十二五”发展重点。同年，国务院正式批准《山西省国家资源型经济转型综合配套改革试验总体方案》，将太原晋中同城化列为城乡统筹发展的重点
2013 年	山西省向工信部发函提出太原、晋中并网升位申请，两市固定电话将共用“0351”区号
2015 年 7 月	晋中至太原城际铁路 2 号线正式开工建设
2015 年 1 月	国家发改委编制跨省区城市群规划，将山西中部的城市群正式定名为“太原城市群”
2016 年 6 月	太焦高铁(山西段)动工，途径太原南站、晋中站、太谷东站、榆社西站，2020 年将实现太榆高铁通车
2016 年 10 月	晋中至太原城际铁路 2 号线先期工程正式开工
2016 年 12 月 4 日	太原太茅路康宁西街至迎宾路全线通车，太茅路与迎宾西路相连，增加了太原与榆次之间的又一条便捷通道
2016 年 12 月 8 日	马练营路正式通车，马练营路是太原市南部区域一条南北向的重要交通主干道，总长度达到 10 千米，成为继太榆路后第二条与榆次连接的市政路
2017 年 1 月	《太原都市区规划(2016—2030 年)(草案)》形成，以“规划同筹、交通同网、设施同布、生态同建、环境同治”为导向，将太原、晋中两市行政边界的接合部确定为“同城化重点协调区域”

二、皖江城市带及合淮同城化发展演进

2010 年 1 月 12 日，国务院正式批复《皖江城市带承接产业转移示范区规划》，安徽沿江城市带承接产业转移示范区建设纳入国家发展战略。皖江城市带包括合肥、芜湖、马鞍山、安庆、滁州、池州、铜陵、宣城 8 个地级市全境以及六安市的金安区和舒城县，共 59 个县(市、区)。2018 年末，皖江城市带区域面积 7.6 万平方千米，占全省总面积 54.25%；常住人口 3132.5 万人，占全省总人口的 44.21%。2018 年，皖江经济带各项主要宏观经济指标均占全省 60%以上，其中，GDP 总量达 20372.4 亿元，占全省的 70.62%；全社会固定资产投资 1851.39 亿元，占全省

的 67.46%；社会消费品零售总额达 7457.92 亿元，占全省的 61.64%；地方公共财政收入达 1851.39 亿元，占全省的 67.46%；实际利用外资 122.24 亿美元，占全省的 71.89%。皖江城市带是泛长三角地区的重要组成部分，不仅是加快建设长三角拓展发展空间的优选区、长江经济带协调发展的战略支点，而且在中西部承接产业转移中具有重要的战略地位，是合作发展的先行区、科学发展的试验区、中部地区崛起的重要增长极、全国重要的先进制造业和现代服务业基地。在中部地区新兴城市群中，皖江城市带紧临长三角，发展基础良好，不仅具有水资源、岸线资源和环境容量等方面的组合优势，而且其区域发展模式为探索中西部地区承接产业转移提供了新的模式与助推器。

合肥、淮南位于安徽省中北部，不仅是合肥经济圈和皖江经济带的双节点战略城市，而且是泛长三角城镇群重点推进地区。合淮同城化地区包括合肥中心城区、淮南中心城区，长丰县、凤台县，以及肥西县北部和肥东县北部。其辐射影响区包括肥西县、肥东县、寿县、定远县等，区域总人口为 500～550 万人。合淮同城化不仅是建设合肥经济圈和安徽参与泛长三角区域合作大趋势的一项重要发展战略，也是地缘相接、人文相亲的两市主动对接、谋求进一步融合发展和经济社会一体化的重大举措。自 2007 年 12 月提出合淮同城化战略以来，两地现已形成同城化发展的空间战略规划（见表 3－2），同时，产业合作领域不断拓宽深化、环境污染治理联防联治协力推进、住房公积金无缝对接、异地就医联网结算。

表 3－2　合淮同城化演进历程

时间	演进历程
2007 年 12 月	提出实施合淮同城化战略，加快融入省会（合肥）经济圈的重大决策；12 月 26 日正式签订《合肥市与淮南市加强区域合作的框架协议》
2008 年 5 月	《安徽省会经济圈规划纲要（2007—2015 年）》明确提出推进淮南等周边地区融入省会经济圈，合淮同城化建设拉开了帷幕
2008 年 6 月—7 月	6 月，合淮阜高速公路通车；安徽省首座城市隧道——淮南洞山隧道通车，淮南到达合肥只需 50 分钟车程。7 月，合肥市与淮南市签订《加强商贸区域合作框架协议》，“合淮商贸同城化”启动
2008 年 12 月	合肥市规划设计研究院、安徽省城乡规划设计研究院编制的《合淮同城化总体规划（2008—2020 年）》指出，加快合淮同城化进程，逐步实现“八同”，即规划同筹、交通同网、信息同享、市场同体、产业同链、科教同兴、旅游同线、环保同治，以经济的一体化为基础，实现合肥、淮南经济社会的协调发展，人与自然的和谐发展

续表

时间	演进历程
2009 年 7 月	发行合淮市民互游暨旅游优惠卡，享受门票五折优惠，一卡可畅游合淮八个景区
2009 年 8 月	《合淮同城化总体规划(2008—2020 年)》通过评审，两地同城化发展上升到新的战略高度
2010 年	皖江示范区规划上升到国家高度，并确定制定《合淮同城化工业走廊规划》，重点依托长丰县工业园区和乡镇工业集聚区，将合淮工业走廊打造成为合淮两市承接产业转移的共同载体
2012 年	合淮两市旅游一卡通、企业直购电等更多实质性的同城内容逐步推进
2013 年	完成《合淮同城化工业走廊规划(修编)》，对合淮工业走廊给予新的定位：全国先进制造业基地、产业转型的引领区、新型城镇化的实验区和区域协调发展的示范区；确定合淮共建区为整个工业走廊的“起步区”，淮南启动直购电试点的局域网规划，并率先在工业走廊试点
2015 年 5 月	合肥经济圈第六次会商会议，签订合肥经济圈城市公共服务一体化、交通基础设施、产业合作、环境污染联防联治、人才交流培训等 5 个专题合作框架协议及 3 个合作项目
2015 年 6 月	京福高铁(合淮蚌高铁)全线开通，淮南到合肥缩短至 28 分钟
2015 年 10 月	启动改造长约 23 千米的合淮路(西二环—新 G206)，为构建合淮同城化、完善合肥南北向快速路网扫清障碍
2016 年 12 月	全长约 23 千米的合淮路(西二环—新 G206)改造工程全线通车，沿该路到淮南的时间缩短半小时以上

三、中原城市群及郑开同城化发展演进

中原城市群[①]是位于河南省中部，以郑州为中心，洛阳、开封为副中心，焦作、新乡、漯河、许昌、济源、平顶山等城市为核心层所构成的具有高度社会经济联系的城市群，是中国十大国家级城市群之一。仅占全省 35.2%面积的中原城市群，GDP 总量、社会消费品零售总额、实际利用外资均占全省的一半以上。2018 年，中原城市群常住人口 4611 万人，集中了河南 40.55%的人口，GDP 总量达 27415.73 亿元，占全

① 这里指 2003 年河南编制的《中原城市群战略构想》和 2006 河南省实施的《中原城市群总体发展规划纲要》中明确的 9 个城市的中原城市群，非 2016 年的大范围跨省域的中原城市群。

省的58.78%，二、三产业增加值占GDP比重的95%以上，人均GDP达59450元。地方公共财政收入达2333.01亿元，占全省比重的68.06%；社会消费品零售总额达12422.35亿元，占全省的56.56%；年末金融机构存款余额40878.15亿元，占全省的64.59%。中原城市群不仅是中部地区承接发达国家及我国东部地区产业转移、西部资源输出的枢纽和核心区域，而且是促进中部崛起、辐射带动中西部地区发展的重要经济增长极。

郑州、开封位于河南省中东部偏北，是中国中部地区的重要综合交通枢纽，是中原城市群的核心发展区域。自2003年河南省委、省政府做出实施区域性中心城市带动战略、加快中原城市群发展、实现中原崛起的战略决策以来，郑州与开封两市不断融合发展，逐步实现了交通同城、电信同城、金融同城、生态同城、产业同城和资源共享的"五同城一共享"目标(见表3-3)。

表3-3 郑开同城化演进历程

时间	演进历程
2003年	《河南省全面建设小康社会规划纲要》确定以郑州为中心，"1.5小时经济圈"内的开封、洛阳、新乡、焦作、许昌、平顶山、漯河、济源9个省辖市组成中原城市群
2005年	河南大学教授耿明斋最早提出"郑汴一体化"；4月，河南省部署实施中原城市群建设、率先推进郑汴一体化发展战略
2005年10月25日	提出优先推动郑汴一体化，全面加强郑汴两市在功能、城区、空间、产业、服务、生态6个方面的对接
2005年12月	郑开大道开工建设，标志着郑汴一体化进入正式实施阶段
2006年10月	郑州开封两地电信同价，取消或降低长途费用
2006年11月19日	郑汴城市快速通道——郑开大道通车，两地城市公交正式开通
2006年12月18日	郑州市与开封市商业银行联合举行"联名世纪一卡通"银行卡首发式。两市居民、企业持"联名世纪一卡通"银行卡在两市商业银行各营业网点支取现金，无须支付任何手续费，标志着郑汴金融同城取得了实质性进展
2007年9月	《郑汴产业带总体规划》中规划定位郑汴产业带为中原城市群核心区的先导区、郑汴一体化发展的产业集聚区，标志着郑开同城化进入核心层面
2007年11月1日	郑州市区市民享受开封旅游一卡通(60元)待遇，清园等七折优惠；郑州市内公交对开封市持有60岁以上老年证的老人免费

续表

时间	演进历程
2009 年 11 月	《郑汴新区总体规划》中提出推动郑汴新区建成产业、功能、空间、生态、体制的复合城区
2011 年 10 月 7 日	《国务院关于支持河南省加快建设中原经济区的指导意见》明确提出："支持郑汴新区加快发展，建设内陆开发开放高地……推进教育、医疗、信息资源共享，实现电信、金融同城，加快郑汴一体化进程。"
2012 年 11 月	国务院正式批复《中原经济区规划》，郑汴一体化首次作为国家战略提到议事日程，强调推进教育、医疗、信息资源共享，实现电信、金融同城
2013 年 1 月 1 日	郑州开封两地正式实施金融同城
2013 年 6 月 28 日	工业和信息化部印发《关于做好河南省郑州、开封本地电话网并网调整工作的通知》，同意 10 月 26 日 0 时开封本地电话网升为 8 位，同时并入郑州本地电话网，统一使用长途区号"0371"
2013 年 10 月 26 日	郑州开封共用"0371"区号，实现电信同城
2014 年 12 月 28	郑开城际铁路正式开通运营
2016 年 8 月 31 日	国务院决定设立中国（河南）自由贸易试验区。根据规划，河南自贸区以郑州为主，包括郑州、洛阳、开封三个片区，郑开区域一体化从另一个层面得以提升
2017 年 1 月 25 日	国家发展改革委员会批复支持郑州建设国家中心城市（发改规划〔2017〕154 号），要求郑州"引领大都市区建设，加快与开封、新乡、焦作、许昌等城市融合发展"①
2017 年 2 月 7 日	国务院批准实施开封市城市总体规划，明确提出"深入推进开封与郑州的一体化发展，加强区域基础设施共建共享"②
2017 年 3 月 31 日	国务院发布的《国务院关于印发中国（河南）自由贸易试验区总体方案的通知（国发〔2017〕17 号）》和《中国（河南）自由贸易试验区总体方案》，涵盖了郑州片区的 73.17 平方千米（含河南郑州出口加工区 A 区 0.89 平方千米、河南保税物流中心 0.41 平方千米）和开封片区的 19.94 平方千米

① 国家发展改革委关于支持郑州建设国家中心城市的复函，中华人民共和国国家发展和改革委员会，2017-01-25。

② 国务院办公厅关于批准开封市城市总体规划的通知，中华人民共和国中央人民政府，2017-02-07。

四、鄱阳湖生态经济区及昌九同城化发展演进

麻智辉(2007)认为环鄱阳湖城市群的空间范围应有广义与狭义之分，广义的范围应涵盖南昌、九江、景德镇、上饶、鹰潭、抚州、宜春、新余等8个设区市；狭义的范围是以省会南昌为中心，包括九江、景德镇、上饶、鹰潭在内共5个省辖市及宜春市所辖的丰城市、樟树市、高安市(即“5+3”)，涵盖32个县市的空间区域。这里采用广义的范围。2018年，南昌实现地区生产总值(GDP)5274.67亿元，占全省的比重达到23.97%。环鄱阳湖城市群常住人口3305万人，占全省的65.77%；GDP总量达16448.51亿元，占全省的74.74%；人均GDP达49768元，比全省平均水平高出5973元；固定资产投资9717.62亿元，占全省的39.60%；社会消费品零售额5765.70亿元，占全省的75.66%；进出口总额2610.31亿元，占全省的75.47%；实际利用外资91.54亿美元，占全省的72.82%。环鄱阳湖城市群位于长江经济带和京九经济带的接合部，不仅是海峡西岸经济区、珠江三角洲、长江三角洲等重要经济板块的直接腹地，而且是中部地区正在加速形成的重要新兴增长极与长江中游的重要开放门户。

南昌、九江地处赣北，两地城区相隔约100千米，地缘相接，经济社会联系紧密，是环鄱阳湖城市群的核心区域，开发条件优越，发展基础较好，经济要素集中，经济总量、固定资产投资、财政收入、社会消费品零售总额等经济指标均占全省七成以上，两市具有深厚的同城化发展基础，经过十多年的协同发展，昌九已在基础设施、产业协作、金融服务、公共事业等方面取得了较大成就(见表3-4)。推进昌九一体化与同城化发展，不仅有利于加快两市资源整合、要素互补，而且是深入实施鄱阳湖生态经济区发展战略、对接长江经济带和长江中游城市群发展、促进中部崛起的战略举措。

表3-4 昌九同城化演进历程

时间	演进历程
2006年9月	《江西省昌九工业走廊“十一五”区域规划》提出，把昌九工业走廊建设成为特色鲜明、技术水平高、配套能力强的优势产业密集区和城市群落密集区、开放型经济密集区
2009年12月	国务院正式批复《鄱阳湖生态经济区规划》，将建设鄱阳湖生态经济区上升为国家战略
2010年9月20日	昌九城际列车正式开通，南昌、九江同城化的发展进入快速融合阶段
2012年6月	江西提出打造“昌九一体化”，南昌九江共同签署了《昌九战略合作协议》，突破区划限制，先行先试、抱团发展，是南昌与九江推进昌九一体化进程的核心思路

续表

时间	演进历程
2013年7月22日	江西省委十三届七次全体(扩大)会议上作出“做强南昌、做大九江、昌九一体、龙头昂起”,集中力量加快推进昌九一体化的重大战略决策
2013年9月30日	南昌至永修县城的139路公交线路开通,这是江西省首条跨设区市的城际公交线路
2013年12月31日	九江银行、南昌银行和两市农村合作金融机构率先实现银行卡、存折业务同城化
2014年3月	昌九居民异地就医同等补偿
2014年4月1日	南昌、九江两市之间移动电话的漫游通话费和长途通话费调整为本地通话费标准执行
2014年5月6日	江西省昌九人力资源市场一体化网络信息服务平台正式开通,该平台汇集两个城市多个人力资源市场的人才供求信息
2014年5月9日	昌九大道九江段正式开工
2014年7月1日	南昌、九江两市之间的固定电话长途通话费调整为本地网营业区间通话费标准执行,但南昌、九江通信同城化并未合并两市区号,南昌市区号仍为0791,九江市区号仍为0792
2014年7月17日	启动建设“昌九新区”的可行性研究,积极把握国家“两带一路”战略,加快实施昌九一体化发展战略
2014年8月	继九江银行、南昌银行、江西省农村信用社实现银行卡及存折业务同城化后,浦发银行、中信银行、招商银行3家股份制银行实现昌九同城化
2014年8月25日	南昌、九江跨设区市户口迁移“一站式”办理服务功能开通,户口迁移实行“一站式”办理,只需迁入地核准即可
2014年9月	南昌拟推昌九两地教育一体化或可跨市报考
2014年9月15日	“昌九通关一体化”改革正式启动,两地海关真正实现“通关顺畅如一关”
2014年9月29日	《昌九一体化发展规划(2013—2020年)》提出昌九一体化发展的“四大定位”
2014年10月8日	南昌、九江两地公积金管理部门开始正式实施“昌九一体化贷款政策同城化”协议,两市缴存公积金职工,可凭公积金缴存和无贷款证明,按购房地公积金中心贷款政策申请贷款。 昌九两地新闻实现互播,进一步凸显昌九同城效应
2014年11月13日	昌九两市卫生局签署协议,实现了南昌、九江两地市级新农合定点医疗机构互定互认

续表

时间	演进历程
2015 年 3 月 31 日	昌九高速“四改八”扩建工程通远试验段项目完工
2015 年 4 月 22 日	南昌、九江签订环保合作协议
2015 年 5 月 12 日	《江西省人民政府贯彻国务院关于依托黄金水道推动长江经济带发展的指导意见的实施意见》指出江西对接长江经济带发展将进一步突出昌九一体化的核心地位
2015 年 6 月 1 日	《关于支持昌九一体化发展的若干政策措施》中涵盖昌九同城化的基础设施建设、产业发展布局、企业项目扶持、环保管理权限等多个方面
2016 年 6 月 14 日	国务院发布批复同意设立江西赣江新区，新晋为第 18 个“国家级新区”，对于带动提升昌九整体实力和活力，使昌九地区成为对接“一带一路”、长江经济带的核心区有着重要意义
2016 年 6 月 30 日	昌九大道全线通车，南昌至九江缩短至 1 小时就可达，这不仅能引领赣北地区的快速发展，而且能促进江西省昌九两座中心城市的联络
2016 年 10 月 20 日	赣江新区挂牌成立，赣江新区是国家推进区域协同发展的重点板块，也是江西经济社会发展的重要支撑
2016 年 12 月	武九高铁江西段铺轨实现双线贯通，在长江中下游形成一条沿长江的快速客运通道，构成武汉与九江、南昌之间的快速城际交通圈，届时从武汉到九江仅需 1 个小时，武汉到南昌的行车时间大约为 90 分钟
2016 年 12 月	作为昌九快速路改造一期工程的重要组成部分，黄家湖立交主体结构已经全部完成

五、武汉城市圈及汉孝同城化发展演进

武汉城市圈又称“1＋8”城市圈，是指以武汉为中心，包括黄石、鄂州、黄冈、孝感、咸宁、仙桃、天门、潜江周边 8 个城市所组成的城市圈，面积 58052 平方千米。2018 年，武汉城市圈常住人口 3820.88 万人，GDP 总量达 24897.5 亿元，占全省的 65.84％；人均 GDP 达 65162 元，比全省人均 GDP 高出 7973 元；全社会固定资产投资 14996.91 亿元，占全省的 42.39％；社会消费品零售总额达 11865.72 亿元，占全省的 67.62％；地方公共财政收入达 2453.43 亿元，占全省的 71.83％。占全省 31.23％面积的武汉城市圈，集中了湖北 57.78％的人口，GDP 总量、地方财政收入、社会消费品零售总额、全社会固定资产投资约占全省的一半，不仅是湖北经济发展的核心区域，也是中部崛起的重要战略支点。

早在19世纪开始，武汉就是由汉口、武昌、汉阳进行“同城化”而形成的（秦尊文，2009）。在武汉城市圈中，武汉与孝感两市的中心距离最近，仅为43千米，武汉与鄂州、黄冈、黄石的中心距离分别为52千米、56千米、80千米。而且从孝感城区到天河机场的最近距离仅为5千米，比武汉的武昌区与洪山区均要近。汉孝同城化具有地域相邻、经济相近、人文相亲的深厚基础，两地自2004年提出武汉城市圈一体化以来（见表3-5），同城化发展态势越来越凸显，空间规划方面，孝感编制了360平方千米“两型社会”示范区总体规划，力争与武汉无缝相接；产业发展方面，孝感以为武汉工业协作配套、农副产品加工供应为重点，实行空间共构、功能共生、产业共谋、设施共建、制度共创、环境共治、事业共融、形象共塑、商家共招、利益共享等“十共”举措，彰显出“1＋1＞2”同城化综合效应；基础设施方面，孝感与武汉绕城高速公路和城市圈快速环线有序对接，基本与武汉形成了半小时经济圈。

表3-5　汉孝同城化演进历程

时间	演进历程
2002年初	武汉城市圈理论的奠基之作《发展“大武汉”集团城市的构想》和《“大武汉”集团城市发展方略》公布实施
2002年6月10日	湖北省第八次代表大会指出：“武汉市要着眼于提高综合竞争力，构筑在国际竞争中有比较优势的产业体系和现代化基础设施框架，拓展和完善城市空间布局和功能分区，形成武汉经济圈，更好地发挥对全省的辐射带动作用。”
2003年	先后组织召开加快推进武汉城市圈建设研讨会和专家座谈会，形成了《关于加快推进武汉城市圈建设的若干意见》
2004年4月	提出武汉城市圈建设要推进“四个一体化”，即基础设施建设一体化、产业布局一体化、区域市场一体化、城乡建设一体化
2006年6月	在武汉召开的武汉城市圈联席会议上，各城市就建立武汉城市圈建委主任联席会机制和联络员制度，建立城市建设、规划和房地产互访机制，开通武汉城市圈电子信息平台等问题联合签署了《武汉城市圈建委主任联席会合作协定》
2006年7月	《武汉城市圈总体规划》对武汉城市圈的一体化又增加了生态建设与环境保护一体化
2007年4月	武汉市科技局、武汉科技成果转化服务中心和孝感市科技局共同举办“武汉城市圈技术难题洽谈会”
2007年5月	武汉组织蔬菜集团、飘飘食品等企业到孝感市考察，与孝感市相关单位签订了3.9亿元的合作项目

续表

时间	演进历程
2007 年 9 月	“武汉—孝感科技合作项目签约暨科技成果交易网络视频系统开通仪式”在孝感举行，武汉市科技局和孝感市科技局签订了“汉孝科技合作协议”
2007 年 12 月	武汉城市圈为全国资源节约型和环境友好型社会建设综合配套改革试验区获批
2008 年 4 月	“推进临空经济工作领导小组”成立，正式启动孝感临空经济区建设工作
2009 年 3 月	开工建设武汉城市圈中第一条城际铁路——汉孝城际铁路(从汉口火车站经天河机场到孝感城区)，该铁路建成后，从孝感到汉口只需 20 分钟，到天河机场只需 10 分钟
2009 年 4 月	开工建设孝感城区和天河机场的孝汉大道三期工程
2009 年 9 月	孝感市政府第 24 次常务会议通过《孝感市“两型社会”建设示范区临空经济区规划》，示范区由“六区”组成，总面积约 360 平方千米，力争从空间上与武汉实现对接
2010 年 3 月	武汉城市圈被列为国家“十二五”重点发展区域，武汉被国务院批准成为中部地区的中心城市，为中部城市群起到积极的领头作用
2012 年 6 月	《孝感临空经济区空间发展规划》中指出孝感临空经济区是孝感建设武汉城市圈副中心城市的重要战略支点，是孝感与武汉实现同城化的桥头堡
2014 年 11 月	《武汉城市圈“两型”社会建设综合配套改革试验行动方案(2014—2015年)》指出，明确“2015 年实现全域资费一体化”，圈内城市将实现信贷市场、票据市场、支付结算、要素配置市场、金融信息服务等的“金融同城”
2015 年 11 月	白水湖特大桥开始架梁施工，标志着连接孝感三汊与武汉天河机场二通道的这条高速公路进入关键性施工阶段
2016 年 12 月 1 日	汉孝城际(汉孝)铁路通车，始自汉口站，终到孝感东站，将汉口中心区域、黄陂、东西湖、孝感紧密连接在一起
2017 年 1 月	白水湖大桥武汉段与孝感段顺利合龙，白水湖大桥是孝感连接武汉的桥头堡工程，通车后，孝感到武汉中心城区的距离将缩短约 50 千米，使武汉东西湖、黄陂和孝感三大临空组团紧密联系在一起，真正实现大临空基础设施一体化

六、环长株潭城市群及长株潭同城化发展演进

环长株潭城市群以长沙、株洲、湘潭为中心，外围发展岳阳、常德、益阳、衡阳、娄底5个次级城市圈（带），总面积9.68万平方千米，占全省总面积的45.7%。2018年环长株潭城市群常住人口4225.36万人，占全省总人口的61.3%；地区生产总值达28946.34亿元，占全省的76.9%；人均地区生产总值68806元，比全省人均地区生产总值高出15857元；地方财政收入1816.37亿元，占全省的63.5%；社会消费品零售总额11690.95亿元，占全省的74.8%；金融机构人民币存款余额37029.77亿元，占全省的76%；实际利用外资125.80亿美元，占全省的77.7%。其中，占全省13.3%面积和21.8%人口的核心城市长株潭GDP总量达15796.31亿元，占全省的42%，人均GDP达105900元；地方财政收入1195.29亿元，占全省的41.8%；社会消费品零售额6498.62亿元，占全省的41.6%。环长株潭城市群作为全国重要的综合交通枢纽以及交通运输设备、工程机械、节能环保装备制造、文化旅游和商贸物流基地，其强大的经济势能与辐射带动能力，为打造成长江中游城市群新的区域增长极奠定了坚实的经济基础。

长株潭地处湖南核心区位，在湘江的中下游呈“品”字形分布，三市之间彼此的最远市区距离只有50千米，区位相近，结构紧凑。自1982年12月湖南省政协委员张萍首次提出“长株潭一体化发展”的议案到今天“两型社会”的建设，长株潭一体化建设取得了巨大的成效。如长株潭一体化进程中提出的“前五同”（交通同环、电力同网、金融同城、信息同享、环境同治）和“新五同”（交通同网、能源同体、信息同享、生态同建、环境同治）即为同城化的重要表现。2009年长株潭三市以“0731”一个城市区号实现市话同城，标志着长株潭同城化实践真正起步。随着2014年长株潭高铁以及2015年城际轨道的开通，长株潭地区逐渐迈入新的“同城化”进程（见表3-6）（曾群华，2017）。

表3-6 长株潭同城化的演进历程

时间	演进历程
20世纪50年代	最早提出同城化的思想
1982年	第一次正式提出长株潭地区经济“同城化”
1984年7月	提交《关于建立长株潭经济区的方案》，“把建立和搞好长株潭经济区作为振兴湖南经济的战略重点”，长株潭同城化的历程拉开序幕
1984年底至1985年初	设立长株潭经济区规划办公室以及建立长株潭经济技术开发协调会议制度；召开了第一次三市市长联席会议

续表

时间	演进历程
1985年至1986年6月	对在三市接合部建立统一的经济技术开发区的选址工作进行了初步比较论证
1992年	成立“长株潭区域规划领导小组”及其办公室，具体由发展改革委员会负责，三个城市相应成立了工作组
1998年	提出“交通同环、电力同网、金融同城、信息同享、环境同治”的五项规划
2002年6月	发布《长株潭产业一体化规划》
2003年5月10日	中国联通取消三市之间CDMA长途、漫游费，三地通话算市话
2003年7月24日	《湖南省湘江长沙株洲湘潭段生态经济带建设保护办法》规定湘江生态经济带规划范围包括长沙、株洲、湘潭三个城市的城区滨江地带，三市开始协同环境同治
2004年	长株潭城市群区域规划草案出台
2005年6月	长株潭在电力、交通、金融、环保等方面已实现一体化，建设长株潭电力网络、开通大同城票据交换业务和银行卡金融IC卡系统的同城
2005年9月	湘江生态经济带的重点工程，连接长株潭三市的湘江防洪景观带开工建设；主要在原一级公路天易公路(连接株洲市天元区与湘潭县易俗河镇)基础上改造而成的城市主干道——株洲大道竣工通车
2005年10月	“长株潭城市群区域规划”获批，标志着中国内陆第一个城市群区域规划正式出台
2006年	实施“四个一”政策：同一个规划、同一个财政政策、同一个环保政绩考核标准、同一支环保执法队伍
2006年1月5日	湖南省政府向国家发展和改革委员会申报将长株潭城市群设为国家综合改革试验区
2006年6月27日—28日	在长沙召开第一届长株潭三市党政领导联席会议，三市市长在会上签署了《长株潭三市联席会议议事规则》《长株潭区域合作框架协议》，签署三市工业、科技、环保合作协议
2006年12月	新“五同”规划：交通同环、能源同体、信息同享、生态同建、环境同治

续表

时间	演进历程
2007 年 1 月	颁布实施《长株潭环境同治规划(2006—2010 年)》《长株潭区域产业发展环境准入规定》《长株潭环境同治目标责任考核办法》,成立专事三市环保监测的执法支队
2007 年 2 月	长株潭正式开通一体化公交车,共设计 16 条线路
2007 年 12 月	长株潭城市群获批为全国两型社会建设综合配套改革试验区
2008 年 9 月 18 日	长株潭城际快速通道——芙蓉大道和红易大道建设开工
2008 年 12 月 13 日	持续了 12 年历史的 107 国道长沙大托收费站拆除
2009 年 6 月 28 日	长株潭实现通信一体化,使用统一区号 0731
2010 年 6 月 30 日	连接长沙、株洲、湘潭城市群的城际快速铁路正式开工建设
2012 年 2 月	批准实施《长株潭城市群环境同治规划(2010—2020 年)》
2014 年	编制完成的《湘潭市公共交通专项规划》中湘潭远期拟建设的 3 条轨道交通线路与株洲地铁联络线对接
2014 年 12 月	沪昆高铁湘潭北站建成,从湘潭到长沙高铁只需 12 分钟
2015 年 12 月	长沙与湘潭之间的一条城市主干道——九华大道北段和坪塘大道成功对接,20 分钟可以抵达长沙;长株潭 9 条城际交通断头路全面贯通,从湘潭到长沙仅需 20 余分钟
2016 年 12 月 26 日	长株潭城际铁路建成通车,三市之间的通勤时间缩短为 39 分钟
2018 年 10 月 20 日	长株潭城市群一体化发展首届联席会议在长沙召开,这是长株潭一体化发展新的标志性事件,会议审议并签署了《长株潭城市群一体化发展合作机制》《长株潭城市群一体化发展行动计划(2018—2019 年)》《长株潭城市群一体化发展联席会议制度》三个合作文件,建立起常态化、制度化的协调机制
2019 年 11 月 10 日	长株潭城市群一体化发展第二届联席会议在株洲召开,签署《长株潭城市群一体化发展行动计划(2019—2020 年)》《长株潭城市群一体化发展工作调度办法》,签署了 4 个涉及一体化发展重点领域的合作协议
2020 年 3 月	湘潭发改工作会议暨长株潭城市群一体化工作推进会召开,湘潭将围绕长株潭城市群一体化发展规划融合、交通共建、产业协同、民生共享、环境共治等方面,推进 30 项重点工作
2020 年 10 月 23 日	芙蓉大道、洞株路、潭州大道快速化改造项目全部建成通车,标志长株潭区域全面融入“半小时交通圈”
2020 年 10 月 30 日	《长株潭区域一体化发展规划纲要》发布,为新时期长株潭区域一体化发展规划蓝图、指引方向

第二节　中部新兴城市群同城化区域人口空间变化分析

一、太榆同城化地区的人口空间变化分析

自 2005 年《山西省城镇化发展纲要》确立了太原市与晋中市榆次区“同城化”的发展目标以来，太原与晋中的资源、人口、信息、资金等经济要素不断增强，尤其人口的集聚更为明显。根据 2006—2015 年太原市与晋中市的人口增长情况来看，大致可以分为三种类型：一是人口较快增长型。太原市辖区与榆次区的人口总体上增长较快(见图 3-1)，其中，榆次区十年来的常住人口年均增长率为 1.98%，是晋中市人口增长最快的区域。这不仅仅是榆次区作为晋中的市辖区，另一重要原因是十多年来，随着太榆同城化的不断推进，榆次的基础设施不断完善以及经济社会等快速发展推动了人口向城市集聚。太原市的 6 个市辖区的人口年均增长率均超过 2%，迎泽区、万柏林区、小店区的人口年均增长率超过太原市的 2.55% 的平均增长水平，分别为 2.59%、3.39%、5.6%。小店区的人口增长最快，2015 年常住人口比 2006 年增加了 32.14 万，除了本区域人口的自然增长与太原其他区域的人口流动以外，另一个重要原因是小店区与晋中的榆次、太谷县等地相邻，吸引了相邻区域的人口集聚。同时，各区域的人口增长均在 2010 年出现峰值，引起这个时间段人口的快速增长主要缘于太榆同城化的全面推进。2009 年 1 月，山西省出台

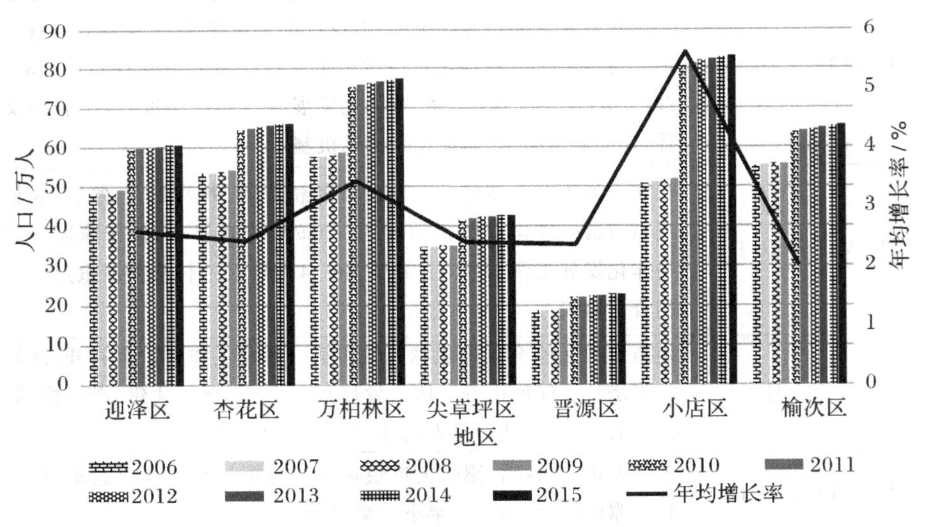

图 3-1　2006—2015 年太榆市辖区人口变化情况

了《太原经济圈规划纲要》，将太原市区和晋中市榆次区置于核心圈层位置，对太榆同城化提出了“十同”目标；2010 年国家发改委发布的《促进中部地区崛起规划》明确提出，“稳步推进以太(原)榆(次)为中心，公交、电信、金融、市政设施等领域同城化发展”；以此为契机，太榆同城化从地方战略逐渐上升为中部大区域战略，以太榆同城化为重点的《太原城市群和经济圈发展研究》成为山西省转型发展的重要课题。2010 年，榆次区常住人口比 2009 年增加了 7.97 万人，与此同时，紧邻榆次区的小店区人口增长量最大，比 2009 年增加了 28.7 万人。太原市辖区除了尖草坪区和晋源区的人口增长低于 10 万以下，分别为 6.46 万人和 3.26 万人，其他市辖区的常住人口均比 2009 年增加了 10 万人以上。

二是人口平缓增长型。2006—2015 年太原的清徐县与晋中的县域人口呈平稳增长态势(见图 3－2)，清徐县紧邻小店区、晋源区和榆次区，人口增长较为缓慢，尤其在 2010 年常住人口反而减少了 0.09 万人，这与上述太榆市辖区人口同期快速增长相吻合，亦从另一个侧面反映了太榆同城化对周边县域人口空间变化的影响。介休市、灵石县、和顺县的人口增长相对较快，2006—2015 年人口年均增长率分别为 0.93%、0.82%、0.82%，人口增长最快的为介休市，这主要与介休市是太原经济圈次中心重要节点有关。其他县域人口增长相对较为平缓，而且晋中地区的县域除了个别外，均未出现 2010 年人口减少的现象，未能与 2010 年太榆市辖区人口迅速增长相吻合，说明晋中地区除了紧邻太原的榆次外，其他县域尚未与太原形成“同城”的态势。

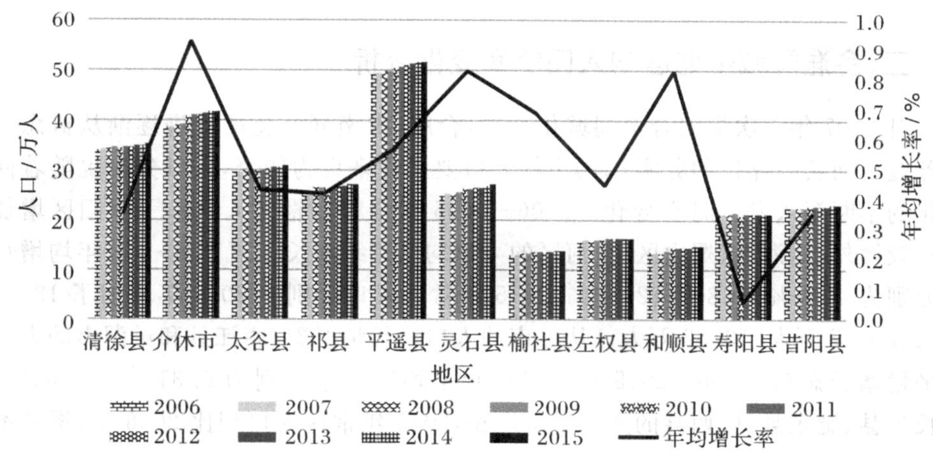

图 3－2　2006—2015 年太原晋中地区人口平缓增长的县域

三是人口波动增长型。根据 2006—2015 年的人口增长情况看，太原市的古交市、阳曲县、娄烦县的常住人口呈波动增长，但总体上有所下降(见图 3－3)。2006—2009 年和 2010—2015 年两个时间段呈缓慢增长，2009—2010 呈下降趋势，而且邻近太原市区的古交市和阳曲县比远离市区的娄烦县的人口减少量分别多了0.21万人和1.71万人，与2010年太原市辖区人口迅速增长相吻合。从2006—2015年人口的年均增长率看，古交市、阳曲县、娄烦县均呈负增长，分别为−0.12%、−1.99%、−0.69%，从总量上看，与2006年相比，2015年古交市、阳曲县和娄烦县的常住人口分别减少了0.24万人、2.42万人和0.7万人。

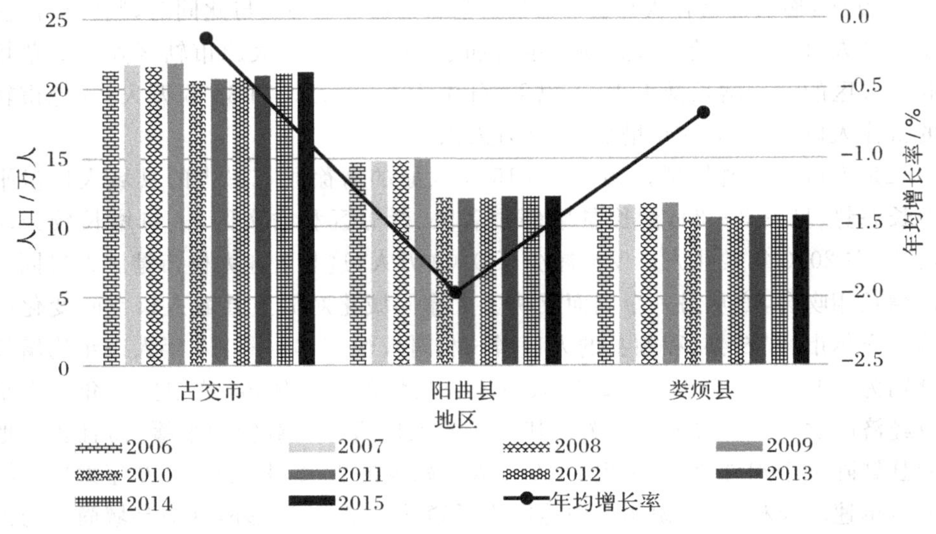

图3-3 2006—2015年太原晋中地区人口减少的县域

二、合淮同城化地区的人口空间变化分析

自2007年首次提出合淮同城化以来，合肥、淮南同城化的推进逐渐从概念上的务虚走向实际操作的务实①，两市的人口要素往来更为频繁，人口分布也随着同城化的不断深入发生时空变化。2006—2015年合肥市辖区人口除了庐阳区增加相对较慢外，瑶海区、蜀山区、包河区的人口均呈持续增长②(见图3-4)，年均增长率分别为4.08%、4.80%、2.43%；2015年常住人口分别比2006年增加了18.82万人、29.57万人、10.82万人。从县市的人口增长情况看，庐江县和巢湖市的人口呈平稳增长态势，2006—2015年人口的年平均增长率分别为0.31%和0.65%。而长丰县、肥东县、肥西县的人口呈负增长，2015年常住人口相比2006年，增长率

① 2015年12月3日，国务院批复同意将六安市寿县划归淮南市管辖(国函〔2015〕206号)。因数据查找受限，这里不含寿县。

② 2002年3月，根据合肥市建设和发展的需要，对全市四个区重新进行了调整和划分，将西市区更名为蜀山区，东市区更名为瑶海区，中市区更名为庐阳区，郊区更名为包河区。

分别为－2.35％、－3.48％和－14.72％。从地理区位看，人口减少最少的长丰县南接人口增长相对缓慢的庐阳区，肥东县西南与人口增长较快的瑶海区、包河区相邻，人口减少最多的肥西县东与人口增长最快的蜀山区和较快的包河区相邻，这从一定程度上反映了合肥市人口从县域向市辖区迁移流动，体现了从郊区向市域的同城化趋势。

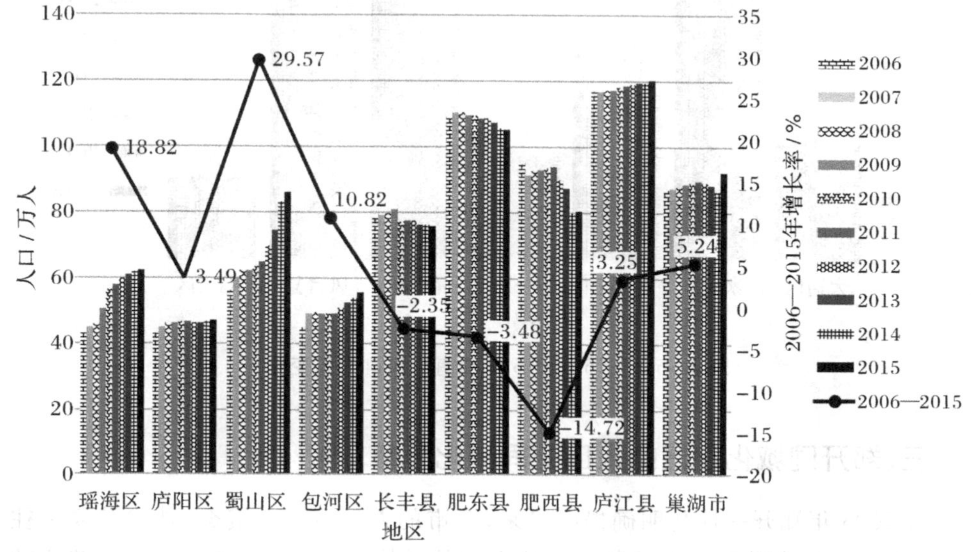

图 3－4　2006—2015 年合肥市人口空间变化

根据 2006—2015 年淮南市各区县的常住人口变化(见图 3－5)，除了南接合肥长丰县的谢家集区人口年均增长率呈负增长外，其余区县均呈正增长。2006—2010 年谢家集的常住人口平缓增长，2011—2015 年人口逐年下降。2009 年《合淮同城化总体规划》通过论证评审后，两市同城化逐渐从规划层面走向实务层面。2010 年《合淮同城化工业走廊规划》指出，重点依托长丰县工业园区和乡镇工业集聚区，将合淮工业走廊打造成为合淮两市承接产业转移的共同载体，紧邻长丰县的谢家集区地域优势明显，人口逐渐向合淮工业走廊集中，这一定程度上引起谢家集区的人口自 2011 年后逐渐下降，可见，同城化的战略协作推动了区域的人口变迁。另外，其他各区县在 2006—2011 年和 2014—2015 年两个时间段人口均平缓增长，2011—2013 年除了凤台县略有增长外，其他区县的人口均有所下降。

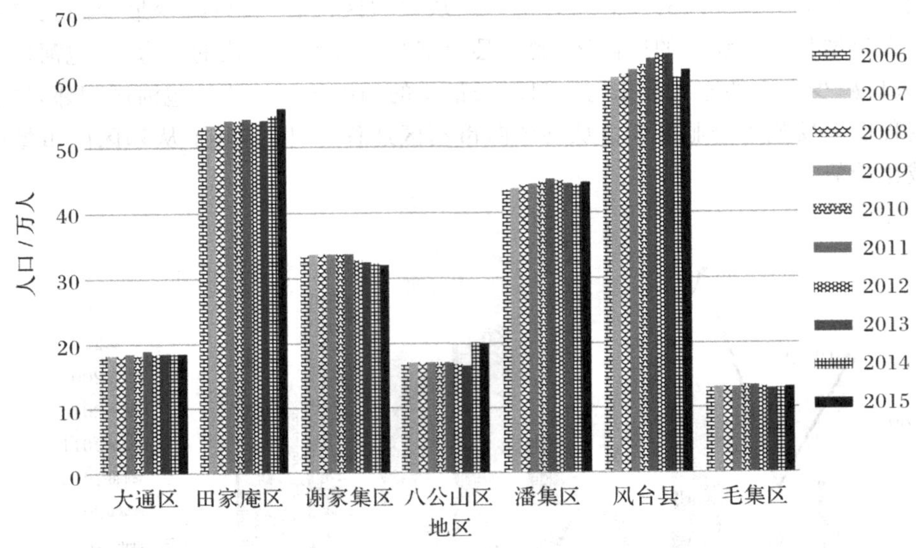

图 3-5　2006—2015 年淮南市人口空间变化

三、郑开同城化地区的人口空间变化分析

自 2005 年郑开一体化明确提出以来，两市的人口、信息、资金、技术等要素往来逐渐频繁，经济联系越来越紧密。从人口的总体变化看，2006—2015 年郑州的常住人口年均增长率为 3.14%，呈持续增长态势，2015 年郑州市人口比 2006 年增加了 232.60 万人。从郑州市各区县的人口变化看①（见图 3-6），与开封距离较近的郑州市辖区东部的金水区、管城区以及新郑市、中牟县人口增长最快，年均增长率分别为 5.90%、7.11%、4.09%、4.81%。与 2006 年相比，2015 年金水区、管城区、新郑市、中牟县人口分别增加了 70.23 万人、34.85 万人、26.80 万人、36.03 万人。而距离开封较远的上街区、巩义市、登封市、新密市、荥阳市人口增长较慢，年均增长率分别仅为 1.49%、0.32%、0.82%、0.62%、0.35%，这一定程度上反映了郑开两地的人口空间变化遵循距离递减的规律，人们趋向于向离市区较近的区域迁移。

在郑开同城化逐步推进后，与郑州相邻的开封市的人口却呈逐年递减趋势。2015 年开封市的常住人口比 2006 年减少了 15.02 万人，年均递减率为 0.36 个百分点，开封市近十年来人口递减突出地表现为除了龙亭区与尉氏县有平缓增长外，

① 2014 年 10 月 19 日，原开封县正式更名为祥符区。
2014 年国务院（国函〔2014〕121 号）同意撤销开封市龙亭区、金明区，设立新的开封市龙亭区，故这里龙亭区 2015 年前采用的数据是龙亭区和金明区之和。

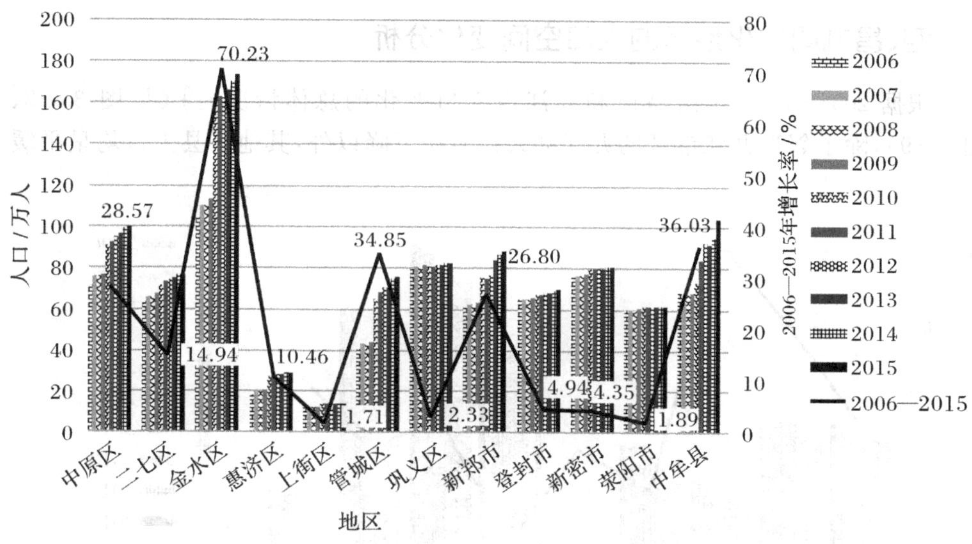

图 3-6　2006—2015 年郑州市人口空间变化

其他与郑州相邻的区县人口均呈下降趋势(见图 3-7),其中顺河回族区、鼓楼区、兰考县 2006—2015 年人口年均递减率超过 1.5 个百分点。兰考县尽管与郑州市不相邻,但西面紧邻开封市祥符区,东北与鲁豫皖城市群的商丘市、菏泽市相邻,故兰考县的人口除了部分向开封市区流动外,很大一部分人口向其东北迁移流动。

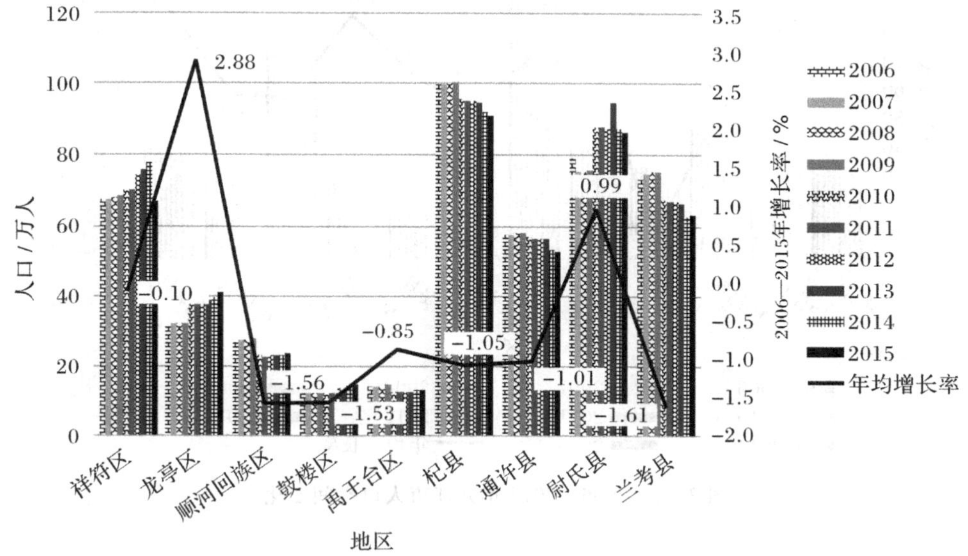

图 3-7　2006—2015 年开封市人口空间变化

四、昌九同城化地区的人口空间变化分析

根据 2006—2015 年南昌市和九江市人口变化的总体情况看[①](见图 3-8、图 3-9),除了邻近九江市区的九江县人口有所下降以外,其他区县人口均呈平缓

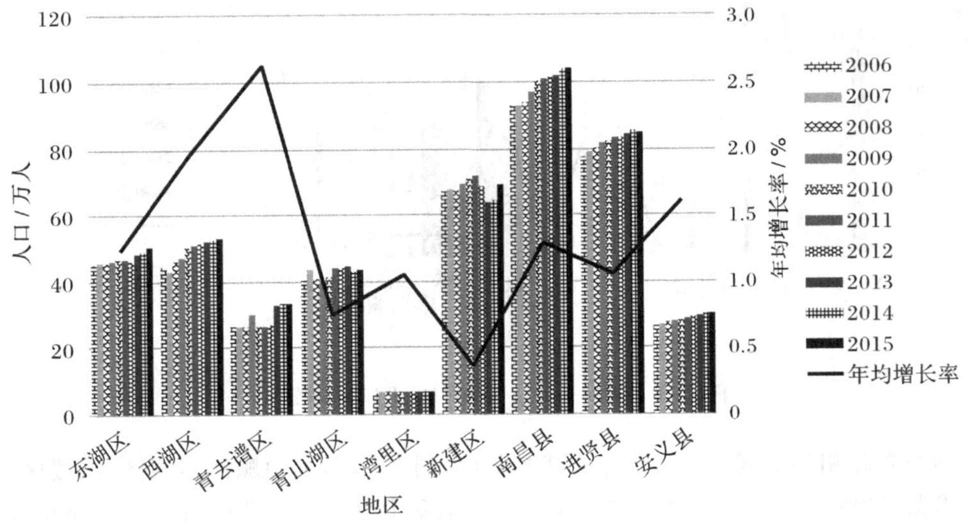

图 3-8 2006—2015 年南昌市人口空间变化

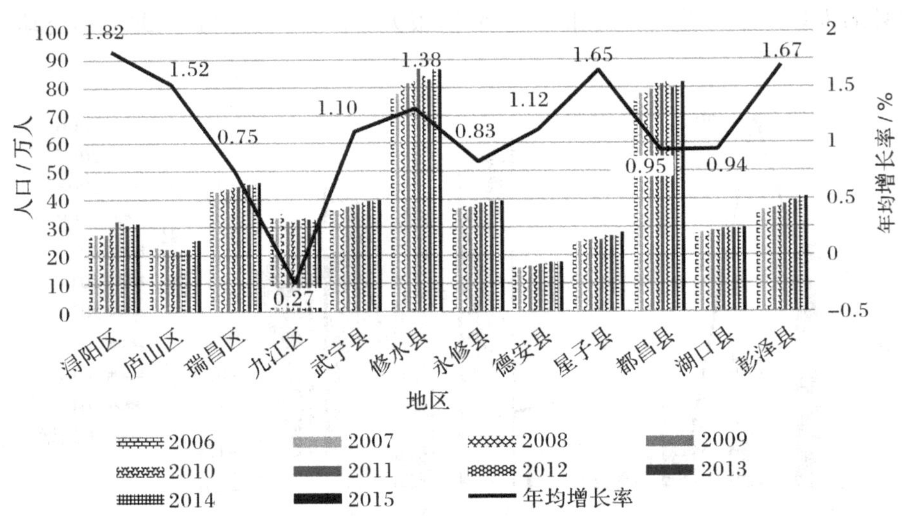

图 3-9 2006—2015 年九江市人口空间变化

① 2016 年 4 月 8 日,江西省九江市撤销星子县,设立庐山市,庐山区也因此更名为濂溪区,此研究中数据限于更名前,仍沿用庐山区命名。

增长趋势，市域的人口增长速度明显快于县域人口增长速度，这与新型城镇化对县域人口的拉力作用紧密相关。南昌市辖区中人口增长速度最快的是工业城区青云谱区，2006—2015 年，青云谱区人口年均增长率为 2.61%，十年增加了 6.89 万人。青云谱区工业基础雄厚，区内有以全国 200 强企业洪都航空工业集团、500 强企业江铃汽车集团等为代表的 20 多家大中型中央、省、市属企业，对周边区域有较强的人口经济集聚能力，故该区是南昌市人口增长最快的区域。南昌市的县域中，邻近九江市的安义县人口增长速度是最快的，2006—2015 年人口年均增长率为 1.59%，2015 年常住人口比 2006 年增加了 3.99 万人。九江市辖区浔阳区、庐阳区人口增长较快，2006—2015 年人口年均增长率分别为 1.82%、1.52%，紧邻市区的九江县人口略有下降，而星子县、湖口县的人口均有平缓增长。

从人口增长的时序上看，南昌市与九江市人口均在 2009 年后出现持续快速增长，这主要缘于 2009 年以来两市不断从基础设施、产业发展、金融、通信、公共服务等各个领域推进同城化发展进程，从打造昌九工业走廊到升级鄱阳湖生态经济区等，拉近了九江与南昌的经济社会发展空间，推动了两地以人口为主体的经济资源要素的交流和合作。

五、汉孝同城化地区的人口空间变化分析

2006 年 7 月《武汉城市圈总体规划》将武汉城市的发展增加到了六个一体化，即基础设施建设、产业布局、区域市场、城乡建设、生态建设、环境保护一体化，尤其空间距离邻近的武汉和孝感市在空间规划、基础设施、产业发展等方面的同城化发展更为便利。随着 2008 年孝感临空经济区建设的启动以及汉孝城际铁路与汉孝大道的开工建设，孝感与武汉实现同城化的态势越来越凸显，两地的人员往来亦更加频繁。从 2006—2015 年汉孝两市的人口增长情况看，两市的人口增长速度自 2009 年后明显加快。从人口增长速度看，武汉市的人口均呈持续增长趋势，且市郊人口明显向市区人口集中。武汉市辖区中，2006—2015 年人口年均增长率为 4.99%的洪山区增长最快（见图 3－10），与 2006 年相比，洪山区 2015 年人口增加了 55.51 万人；其次是江岸区、硚口区，2015 年分别比 2006 年增加了 21.23 万人、15.29 万人。在远郊城区中，紧邻汉阳、武昌的蔡甸区十年间人口年均增长最快，高达 5.90%，2015 年常住人口达 70.35 万人，比 2006 年增加了 28.35 万人。其次是紧邻汉口、汉阳的东西湖区在 2006—2015 年人口年均增长率为 4.10%，十年间人口增加了 16 万；紧邻洪山区的江夏区人口年均增长率尽管略低，为 3.23%，但人口总量比 2006 年增加了 21.8 万人。

从 2006—2015 年孝感市的人口增长情况看（见图 3－11），除了紧邻孝南区的云梦县人口有所下降外，其他区县的人口均呈平缓增长，而且人口增长速度较快的年份亦出现在 2009 年以后，这与武汉人口增长的趋势具有同步性，从一定程度上

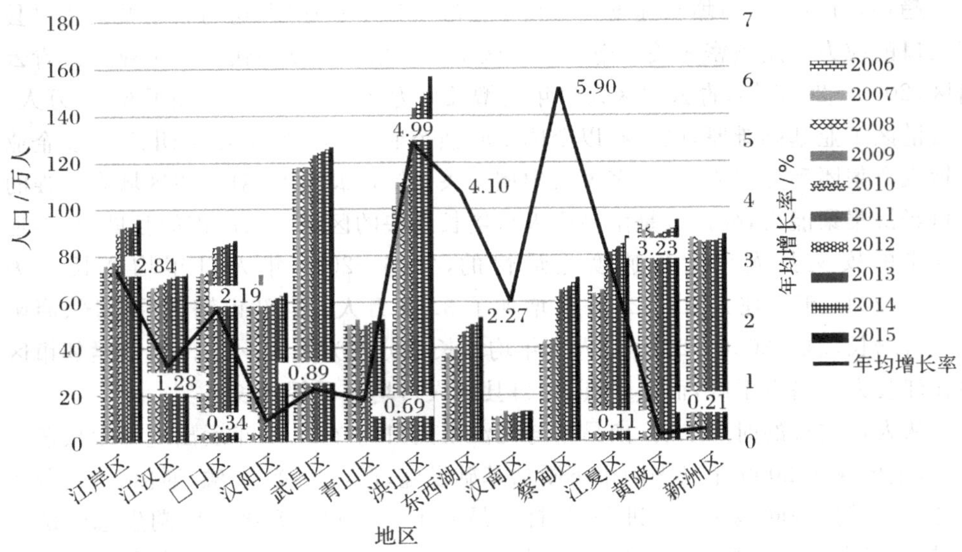

图 3-10　2006—2015 年武汉市人口空间变化

反映了两地同城化的发展使人口的迁移流动增强。与武汉远郊城区蔡甸区、黄陂区相邻的汉川市、大悟县的人口在 2006—2015 年十年间分别增加了 4.69 万人、5.35万人。人口速度增长最慢的是南邻孝南区、东南接武汉黄陂区的孝昌县。

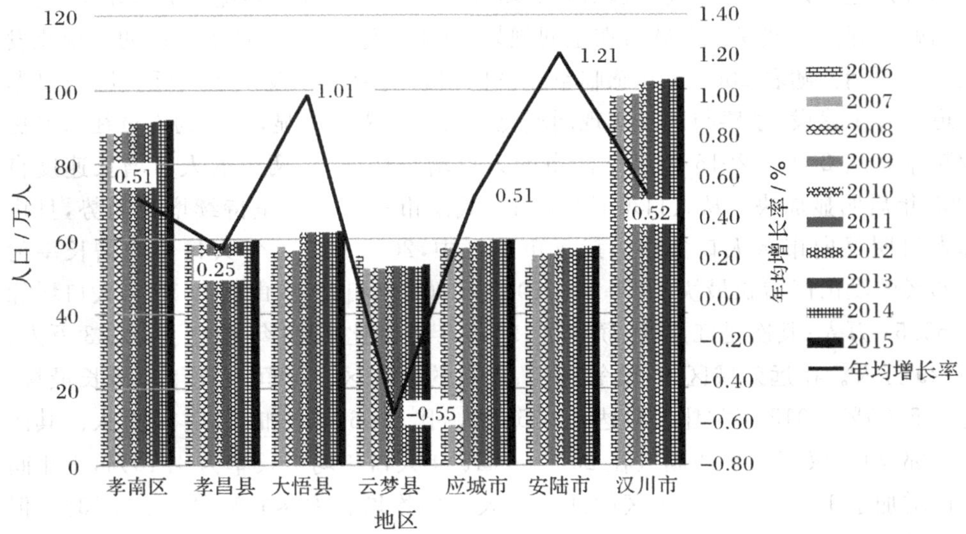

图 3-11　2006—2015 年孝感市人口空间变化

六、长株潭同城化地区的人口空间变化分析

总体上看，长株潭城市群的人口数量在进入21世纪以后呈上升趋势，2006—2015年，三市总人口增长了126.16万人，平均每年增加12.62万人，年平均增长幅度为1.03%。2006年末，长株潭三市总人口为1299.4万人，占全省总人口的19.2%；2015年末，三市总人口达到了1425.60万人，占全省总人口的比重为21%，比2006年增长了1.8个百分点(见图3-12)。

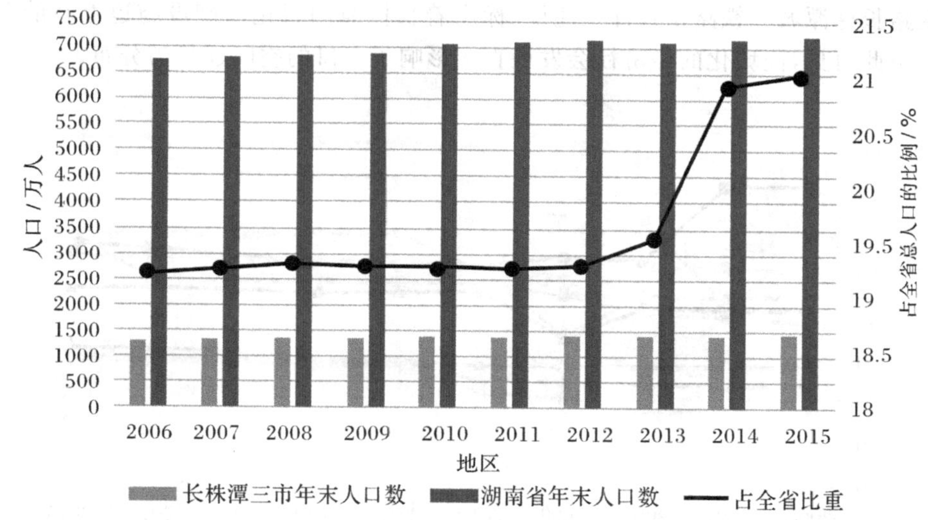

图3-12　2006—2015年长株潭三市总人口及占全省比重

通过2006—2015这十年间长株潭各区县人口的面板数据可知，长沙市市区、株洲市市区、湘潭市市区三市市区人口增加较快(见图3-13)，其中岳麓区、天元区、雨湖区是各市区中增长速度最快的，年均增长率分别为7.91%、6.01%、3.33%。2015年，人口增长最快的岳麓区、天元区、雨湖区分别为82.65万人、29.25万人、59.83万人，分别比2006年增加了1.98倍、1.69倍、1.34倍。2006—2015年，长沙市除了望城区因发生行政区划调整①，人口年均增长率呈负增长外，其他区域均呈快速增长趋势，芙蓉区、天心区、开福区、雨花区人口年均增长率分别为3.98%、3.95%、4.27%、5.66%，2015年比2006年分别增加了16.09万人、17.58万人、19.02万人、32.2万人。株洲与湘潭市域各区人口均呈增长趋势，其中天元区、芦淞区、雨湖区人口增长速度最快，年均增长率分别为6.01%、2.70%、3.33%，2015年比2006年分别增加了11.95万人、6.37万人、15.27万人，株洲和

① 2011年望城县改设为望城区。

湘潭各市区人口的增长除了与城市化进程加快有关外，另一个重要的原因是与长株潭三市同城化发展紧密相关。尤其在 2007—2008 年和 2009—2010 年各市级区域出现了两次人口数量增加的高峰，这两个时间节点不是偶然的，有其特殊背景。2007 年长株潭获批全国两型社会建设综合配套改革试验区，三市开通一体化公交车，长株潭流动人口大幅增加，三市的人口迁移出现了第一次高潮。2009 年长株潭三市实现通信一体化，加速推进一体化进程；2010 年是“十一五”的收官之年，长株潭地区“十二五”发展规划提上议事日程，连接长沙、株洲、湘潭城市群的城际快速铁路长株潭城际铁路正式开工建设，标志着长株潭同城化基础设施迈上新的台阶。由此可见，同城化的经济社会发展直接影响了人口的空间迁移与分布。

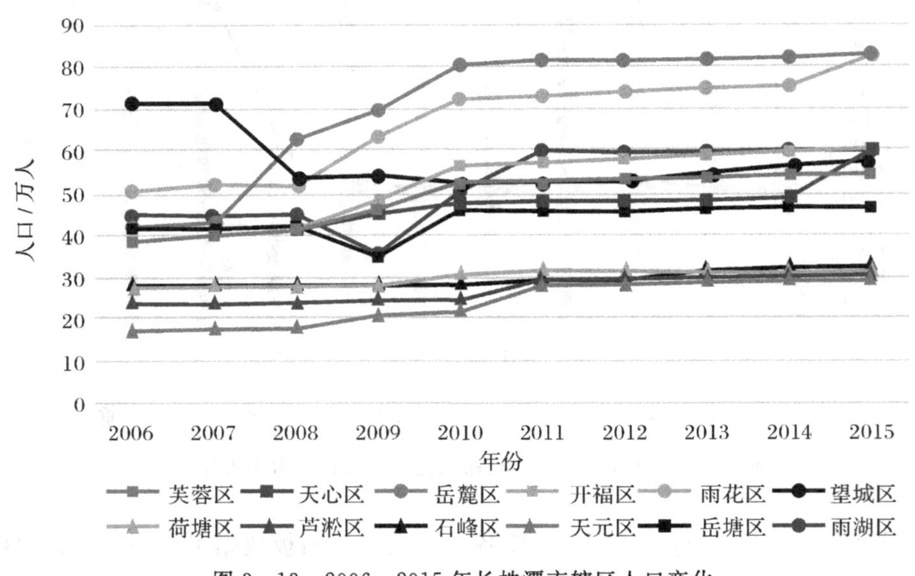

图 3-13 2006—2015 年长株潭市辖区人口变化

同城化引起长株潭人口变化的另一个显著表现是与长沙相邻的湘潭株洲县市人口的负增长。从长株潭各县市的人口变化看，普遍出现了人口数量下降的情况。从中心城市长沙看，除了长沙县的人口年均增长率为 2.24%，其他县市均呈负增长（见图 3-14）。长沙县尽管西、南与长沙市开福区、芙蓉区与雨花区相邻，但并未像其他县域一样出现人口大量向长沙市区集聚的现象。这主要缘于长沙县自身强劲的经济实力，长沙县处于长株潭“两型社会”综合配套改革试验区的核心地带，2016 年长沙县在中国中小城市综合实力百强与全国县域经济基本竞争力排名中分别为第 6 位和第 7 位，对人口具有很强的集聚吸引力，故在长沙市县市中是人口唯一呈快速增长的县域。在 2011 年行政区划调整以前，望城区年均增长率为-5.79%，与 2006 年相比，2011 年望城区人口减少了 18.35 万，2011 年以后人口才缓慢增长。这与望城区南面紧邻市区开福区与岳麓区，人口主要向中心市区集聚分不开。2006—2011 年，浏阳市与宁乡县的人口均呈负增长，增长率分别为－0.36％和－0.82％，而与其相邻的雨花区、岳麓区是长沙市区人口增长最快的区域，2015 年分别比 2006 年增加了 40.98 万人和 32.2 万人，说明与长沙市区相邻的县市人口也有向中心集聚的趋势。

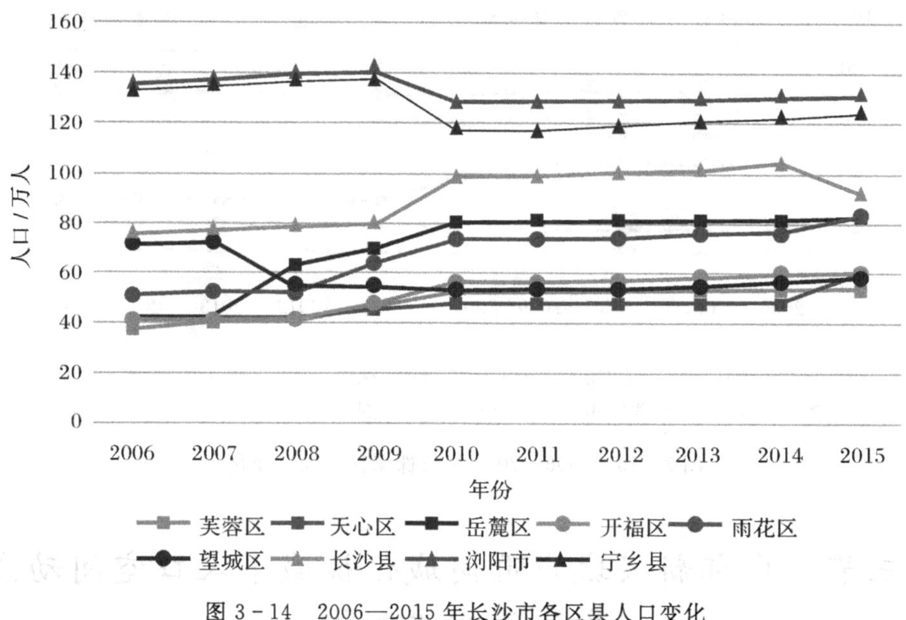

图 3－14　2006—2015 年长沙市各区县人口变化

从湘潭和株洲的县市看，邻近长沙的县市与不相邻的县市人口变化的差异较大(见图 3－15)。紧邻市区的湘潭县和株洲县的人口是减少最多的，2015 年，湘潭县和株洲县分别比 2006 年减少了 21.78 万人和 12.91 万人，年均增长率分别为－2.48％、－3.95％。湘潭县与株洲县紧邻市区，人口除了向市区集聚外，也更加便利地通过市区向长沙集聚。其余与长沙接壤的醴陵市、湘乡市、韶山市的人口均有所下降，年均增长率分别为－0.04％、－1.04％、－0.14％，而与长沙不相邻的株洲的攸县、茶陵县、炎陵县的人口增长相对较为平稳，这主要与当地的人口自然增长有关。整体来看，长株潭各县域人口变化的拐点也出现在 2010 年前后，这与长沙市区人口增长的时间拐点相吻合，也与 2009—2010 年三市同城化进程推进相吻合，进一步说明了长株潭同城化的推进对三市人口空间分布的影响。

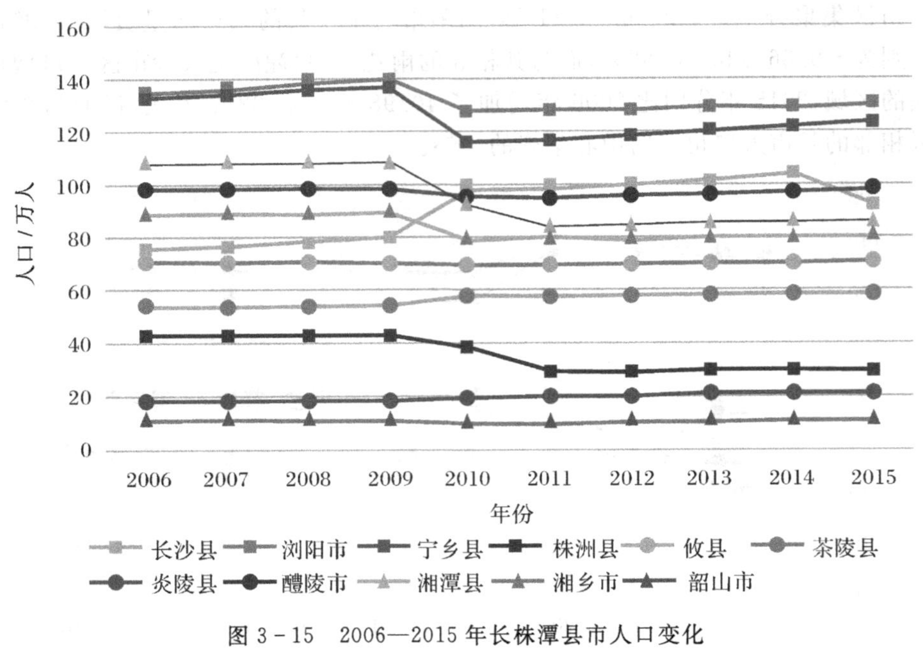

图 3－15　2006—2015 年长株潭县市人口变化

第三节　中部新兴城市群同城化视域下人口空间动态变化的四维解构

一、同城化视域下人口空间迁移流动的群体

以往研究显示，城市人口空间演变的主导力量在很大程度上是以政府行为以及商业利益群体行为为主，民众的影响力相对较小。而同城化中优化社会功能的重点是推进公共服务均等化，使同城化的不同城市居民都能从同城化的社会建设成果中得到实惠。因此，广大民众是同城化视域下人口空间动态变化“维度主体”的主导力量，这不仅是同城化进程中保障民生与公共服务均等化的根本，也是“以人为本”的新型城镇化的目标所在。问卷调查结果显示，中部新兴城市群五个同城化地区的人口空间流动的群体 70％以上来源于本省范围内，而且主要集中于同城化两地之间的通勤人口，尤其是同城化区域的市域空间相邻的长株潭、汉孝、太榆同城化地区，人口空间流动性更为频繁，人口的向心集聚性更强，流动人口的年龄结构 70％以上为中青年，老年人流动性相对较小。同时，在流动人口的性别比上，各地区的差异不大。

二、人口空间迁移流动的行为轨迹

由于同城化城市之间的时空距离的临近性与交通方式的多样化及其便利性，故以“民众”为主体的人口空间动态变化不同于其他区域的人口流动现象，同城化背景下的人口空间迁移与流动的行为方式更多地趋向于多样化的交通方式。中部新兴城市群的长株潭、太榆、合淮、郑开、汉孝、昌九同城化区域之间不仅有便捷化的城市公交、高效化的城市巴士，而且有全天候的公交化城际铁路、舒适性的旅游快列等沟通连接(见表 3 - 7)，进一步缩短了同城化区域之间的时空距离，丰富了人口空间迁移流动的行为轨迹，亦进一步推动了区域之间的同城化纵深发展。

表 3 - 7　中部新兴城市群同城化区域多样化的交通方式

同城化地区	交通方式	通行时间
长株潭	长途巴士	长沙—湘潭　60～90 min 株洲—湘潭　60 min 长沙—株洲　40～60 min
	公交	长沙—湘潭　60～90 min 株洲—湘潭　80 min 长沙—株洲　60～90 min
	普通列车	长沙—湘潭　60～90 min 株洲—湘潭　20 min 长沙—株洲　40 min
	高铁	长沙—湘潭　12 min 株洲—湘潭　58 min 长沙—株洲　15 min
	城际列车	长沙—湘潭　12 min 株洲—湘潭　25 min 长沙—株洲　48 min
太榆	公交	40～60 min
	普通列车	21～22 min
	动车	11 min

续表

同城化地区	交通方式	通行时间
合淮	长途巴士	90～120 min
	BRT 快速公交	60～90 min
	普通列车	72～84 min
	高铁 （合肥—淮南东） （合肥南—淮南东）	 26～33 min 38～52 min
郑开	长途巴士	约 90 min
	公交	约 80 min
	普通列车	35～62 min
	高铁	20 min
	直达快速旅游列车	35 min
	特别快速旅游列车	44 min
	城际列车	33 min
汉孝	长途巴士	90～120 min
	普通列车	58～76 min
	高铁（武汉—孝感北）	30 min
	城际列车（汉口—孝感东）	28～84 min
	动车（汉口—孝感东）	35～36 min
	特别快速旅游列车	57～58 min
昌九	长途巴士	150～180 min
	普通列车	142 min
	快速列车	77 min
	高铁 （南昌—九江） （南昌西—九江）	 61～69 min 61～74 min
	直达快速旅游列车	63～66 min
	特别快速旅游列车	74 min
	动车	67～72 min

同时，各区域之间高速铁路开通后，同城化区域的时间距离大大缩短，人们出行方式与运动轨迹发生显著变化。以长株潭地区为例，高铁开通前和开通后流动人口对交通方式的选择发生重要转变，其中高速铁路的开通对人们选择普通火车、出租车和私家车等出行方式的热衷度的影响较小（见表 3－8），普通火车和出租车的流动方式所占比重有所下降，但下降比例保持在 6％以内，影响力仍然有限。高速铁路对城市巴士发展的冲击力度较大，选择大巴的出行方式受到高铁开通的影响比例持续下降，降幅达 40％，而 46.8％的流动人口在各种因素的作用下，选择高速铁路作为出行方式。

表 3－8 长株潭地区高铁开通前后人们出行方式选择(单位:％)

方式	高铁	大巴	普通列车	出租车	私家车	其他
高铁开通前	0	68.1	26.6	3.2	1.2	0.9
高铁开通后	46.8	29.8	21.0	1.2	1.2	0

从出行方式满意度而言，多元化的交通方式成为人们出行运动轨迹多样化的重要保障。高速铁路的开通，很大程度上缩短了出行的时空距离，满足了流动人口对出行方式的多重选择性，高速铁路舒适快捷的特点也符合现代人出行的要求。但调查发现流动人口对高速铁路的时间合理性的满意度较低，主要源于部分出行需求较大的时段车次较少，交通利用率和时间合理度较低。

三、人口空间迁移流动的行为动机

同城化战略是相邻城市之间减少交易成本（费用）、增强竞争力的一种新型制度安排与务实选择。随着同城化区域经济不断融合、同城软环境日益完善、同城公共服务逐渐均等，跨城居住生活、跨城教育医疗、跨城养生养老、跨城购物消费等生活方式逐渐在同城化“力场”下成为一种新的生活模式。人口空间行为过程与模式选择是基于更低交易费用的利益诉求以及对同城生活宜居性与便捷性、同城生活质量与生活环境提升的追求，进而不断推动同城化的进程。

随着同城化地区的多种交通方式的日益完善以及通达度与便捷性的日益提高，使人们在相邻地域范围内“朝发夕至”的愿望得以实现，从而缩短了出行时间和空间距离，降低了出行成本，人口空间流动的行为动机日益多元化，其日常活动的行为空间，从局限于公务活动或商贸往来向扁平化的通勤行为、购物活动、度假旅游等活动方式转变（见表 3－9）。以长株潭为例，来往于三地之间的中青年流动人口中，以短途旅游的比重最大，占 20.65％，探亲访友的占 19.36％，来往于两地上下班的占 14.50％，就学、医疗的分别占 15.08％和 7.30％。通勤于长株潭的人口流入区主要以长沙为主，而人口流出区主要是湘潭和株洲，这也体现了长株潭同城化地区人口的空间集聚性。

表 3-9 中部新兴城市群同城化地区人口空间迁移流动的行为动机(单位:%)

行为动机	上班	探亲访友	就学	外出旅行	业务往来	购物娱乐	医疗	其他
太榆	15.72	18.18	19.40	14.26	15.04	6.70	4.98	5.72
合淮	16.23	15.49	17.20	15.64	16.75	8.79	4.50	5.40
郑开	14.12	15.25	18.82	17.36	13.19	7.47	7.53	6.26
昌九	13.26	16.45	15.38	16.67	15.16	6.82	8.79	7.47
汉孝	16.83	18.58	17.27	16.29	14.26	9.05	5.40	2.32
长株潭	14.50	19.36	15.08	20.65	9.57	10.34	6.30	4.20

四、人口空间迁移流动的行为周期

随着同城化区域之间高铁、城际铁路、磁悬浮列车、地铁、城际公交、长途客运等多样化城际交通的完善发展和无缝对接，区域之间迁移流动主体的行为周期更趋向于短期性的日常行为活动，尤其建成区相邻的城市之间的人口空间流动更为频繁，如长株潭、太榆、汉孝等同城化城市之间，每天往返于两地之间的人口比重占近 20%，一周往返多次的超过 40%，一个月往返多次的占 30%以上。每天往返于同城化两地的“钟摆族”主要因工作与居家分别在两个城市，以长株潭为例，湘潭九华的泰富重工每天有 10 余批次的通勤车接送家住长沙的员工，真正实现了长沙与湘潭的“同城生活”。

除每天、每周、每月的短期性的迁移活动外，较长时间的就业、就学的流动人口亦较普遍。从统计数据分析看，同城化地区相邻城市流向中心城市的人口比重随着同城化的经济社会发展发生相应的变化。以合淮同城化地区为例，2007—2016 年近 10 年间淮南跨市外出到合肥半年以上的流动人口构成均超过总流动人口的 50%以上(见图 3-16)，以 2011 年为界，呈现“一降一升”的变化，2007—2011 年合淮同城化起步阶段，基础设施、公共服务、政策环境等方面均处于探索发展阶段，且受周边其他相邻区域的拉力作用，从淮南迁移流动到合肥的人口构成有一定程度的下降。2010 年，皖江示范区规划上升至国家战略，同时，依托长丰县工业园和乡镇工业集聚区，制定《合淮同城化工业走廊规划》，合淮同城化发展进一步向纵深发展，因而 2011 年淮南外出流动到合肥半年以上的人口构成达到一个阶段峰值。尽管 2011—2012 年略有下降，但 2012—2016 年淮南外出流动到合肥半年以上的人口构成逐年增加，2015—2016 年合淮之间的快速交通更为完善，两地的人口要素流动更为频繁，2016 年淮南流动到合肥半年以上的人口构成达到 74.49%。从

2012—2016 年安徽省各市省内跨市外出半年以上的流动人口构成情况看(见图 3－17),整体上,从淮南流向合肥半年以上的流动人口仅次于六安市和滁州市。2016 年六安市流动到合肥半年以上的人口构成达 76.6%,淮南流动到合肥半年以上的人口构成比六安市低 2.11 个百分点,超过滁州市 11.41 个百分点。

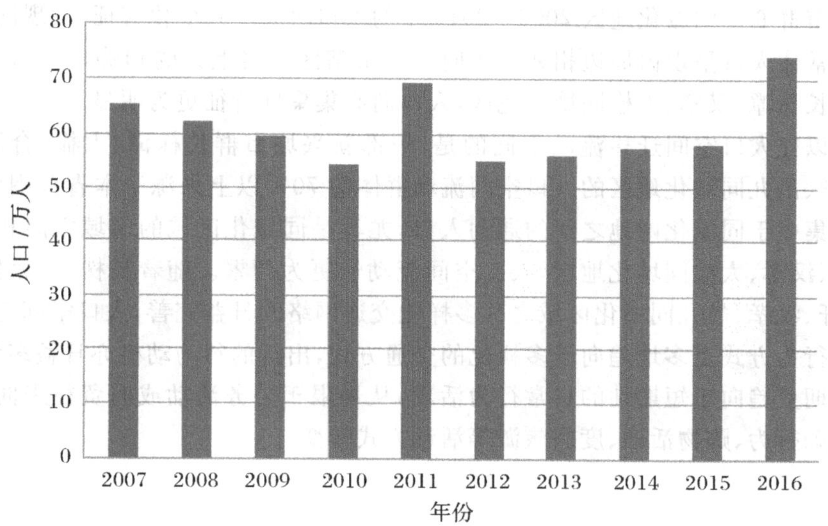

图 3－16　2007—2016 年淮南外出至合肥半年以上的流动人口构成

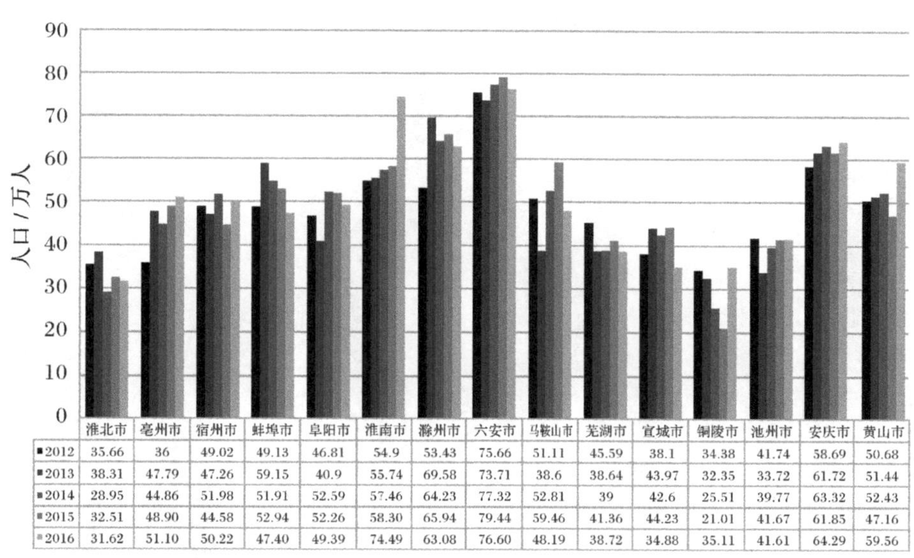

	淮北市	亳州市	宿州市	蚌埠市	阜阳市	淮南市	滁州市	六安市	马鞍山市	芜湖市	宣城市	铜陵市	池州市	安庆市	黄山市
■2012	35.66	36	49.02	49.13	46.81	54.9	53.43	75.66	51.11	45.59	38.1	34.38	41.74	58.69	50.68
■2013	38.31	47.79	47.26	59.15	40.9	55.74	69.58	73.71	38.6	38.64	43.97	32.35	33.72	61.72	51.44
■2014	28.95	44.86	51.98	51.91	52.59	57.46	64.23	77.32	52.81	39	42.6	25.51	39.77	63.32	52.43
■2015	32.51	48.90	44.58	52.94	52.26	58.30	65.94	79.44	59.46	41.36	44.23	21.01	41.67	61.85	47.16
■2016	31.62	51.10	50.22	47.40	49.39	74.49	63.08	76.60	48.19	38.72	34.88	35.11	41.61	64.29	59.56

图 3－17　2012—2016 年安徽各市省内跨市外出至合肥半年以上的流动人口构成

第四节　本章小结

本章在梳理中部新兴城市群同城化发展演进过程的基础上，深入分析了中部新兴城市群6个同城化地区2006—2015年的人口时间序列变化特征，发现同城化地区的常住人口呈现由周边相邻地区向中心市辖区集聚上升的趋势，尤其是市域相邻的长株潭、汉孝、太榆同城化地区，人口向心集聚性特征更为明显。

与以往人口空间迁移流动不同的是，中部新兴城市群长株潭、太榆、合淮、郑开、汉孝、昌九同城化地区的人口空间流动群体的70%以上来源于本省范围内，而且主要集中于同城化两地之间的通勤人口，尤其是同城化区域的市域空间相邻的长株潭、汉孝、太榆同城化地区，人口空间流动性更为频繁。随着长株潭、太榆、合淮、郑开、汉孝、昌九同城化区域之间多样化交通网络的日益完善，人口空间迁移与流动的行为方式更多地趋向于多样化的交通方式，出行的行为动机亦日益多元化，行为周期更趋向于短期性的日常行为活动，从局限于公务活动或商贸往来向扁平化的通勤行为、购物活动、度假旅游等活动方式转变。

第四章

中部新兴城市群同城化视域下人口空间动态的诉求机制与动因机理

第一节　经济社会融合发展是同城化地区人口迁移流动的源动力

一、经济联系增强是同城化地区人口空间流动的直接推动力

随着区域经济一体化的纵深发展与城市群内部交通的日益完善，2006—2016年榆次、淮南、九江等中部同城化区域的周边城市与太原、合肥、南昌等6个中心城市之间的经济联系度①增强了2～4倍（见表4-1），增幅最小的是榆次与太原，但其经济联系度亦从2006年的11.17增加到2016年的31.99，增长了1.86倍；经济联系度增幅最大的是长株潭，湘潭、株洲与长沙之间的联系度分别增加了3.81倍、3.75倍；其次是淮南与合肥，2016年合淮之间的经济联系度比2006年的5.82增加了3.23倍。尤其是同城化市域空间相邻的城市，靠近中心城市市区的区县与中心城市的经济联系更为紧密，这些地区经济的发展在很大程度上主要是受中心城市经济辐射与彼此相互融合的结果。

表4-1　2006—2016年中部新兴城市群同城化区域之间的经济联系度

年份	太榆	合淮	郑开	昌九	汉孝	长湘	长株
2006	11.17	5.82	16.23	7.74	23.79	21.74	20.82
2007	13.90	7.09	19.86	9.07	28.59	26.76	25.61
2008	16.10	8.98	24.02	10.78	35.64	35.05	33.04
2009	17.39	10.34	26.73	12.36	40.99	41.59	39.14
2010	20.28	12.78	32.31	15.09	48.88	50.40	48.15
2011	24.25	16.06	38.90	18.38	59.16	62.84	59.29
2012	27.10	18.04	43.23	20.64	69.15	71.62	67.12
2013	28.35	19.59	48.47	23.17	77.88	80.33	74.68
2014	28.97	20.22	53.00	25.55	85.90	87.64	82.23
2015	30.23	22.58	57.11	27.59	92.70	95.18	89.15
2016	31.99	24.59	62.30	30.21	91.70	104.49	98.90

数据来源：2007—2017年中部六省统计年鉴，部分数据源自统计公报。

① 陈存友，汤建中．大都市区城市经济整合发展研究：以长江三角洲为例[J]．中国软科学，2003(6)：120-124.

二、工业化高级阶段是同城化地区人口空间流动的内生动力

根据钱纳里等对人均经济总量与经济发展阶段的关系研究①,中部新兴城市群同城化地区除淮南外,其他12城市的人均GDP均超过4800美元(以2016年人民币对美元的平均汇率为6.6423元计算),尤其太原、合肥、长沙、郑州、南昌、武汉等6个中心城市的人均GDP均超过1万美元,表明中部新兴城市群同城化地区的经济与社会发展阶段均已进入工业化发展的高级阶段(见表4-2)。相比中心城市而言,周边城市的经济总量与均量都与中心城市存在较大差距,人均GDP差距最大的是武汉与孝感,武汉是孝感的3.46倍。根据推-拉理论,区域经济发展过程中同时存在的推-拉两种力量共同决定人口迁移与流动。同城化区域中心城市与周边城市经济发展水平与发展阶段的不平衡直接推动了人口空间迁移流动,从这个意义上讲,中心城市经济的快速发展与强大的经济势能是推动同城化地区人口空间流动的内生动力。

表4-2 2016年中部城市群同城化地区经济总量与均量对比

城市	GDP/亿元	人均GDP/美元	城市	GDP/亿元	人均GDP/美元
太原	2955.60	10273	郑州	7994.16	12577
榆次	216.28	4846	开封	1747.96	5793
合肥	6274.38	12065	南昌	4354.99	12364
淮南	963.84	4505	九江	2096.13	6539
长沙	9356.91	18687	武汉	11912.61	16782
湘潭	1866.79	9929	孝感	1576.69	4853
株洲	2488.45	9346			

数据来源:2017年中部六省统计年鉴,部分数据源自统计公报。

三、产业结构互补是同城化地区人口空间流动的基础动力

研究表明,区域城市间产业的互补性是有效地避免城市间恶性竞争的重要途径,这是城市相互作用从无序到有序、从无机到有机、从不完善到比较完善的最佳方式(王士君 等,2001)。总体而言,2006—2016年中部新型城市群6个同城化城市之间的产业结构不断优化互补,第一产业比重不断下降,二、三产业比重不断上升,其中太原、合肥、郑州、南昌、武汉、长沙等6个中心城市的一次产业比重均下降

① 根据钱纳里等多国模型标准,人均GDP(1998年美元可比价)在1200～2400美元为工业化初期,2400～4800美元为工业化中期,4800～9000美元之间为工业化高级阶段。

至1%～5%的水平，太原、郑州、武汉已形成“三、二、一”的产业结构，同城化区域产业结构的优化是人口空间流动的又一重要区域吸引力。以太榆、汉孝为例，太原三次产业结构比重由2006年的1.9∶46.9∶51.2调整到2018年的1.1∶37.0∶61.9，榆次的产业结构比重由2006年的7.8∶42.3∶49.9调整到2018年的7.3∶32.1∶60.6；武汉三次产业结构比重由2006年的4.5∶46.1∶49.4调整到2018年的2.4∶43.0∶54.6，孝感由24.6∶38.2∶37.2调整到2018年的15.0∶48.4∶36.6(见表4-3)。

从同城化区域的优势产业看，中部同城化地区各相邻城市之间在长期的经济协调发展过程中，不断调整升级产业结构，基本呈现中心城市“三、二、一”型与相邻城市“二、三、一”型的产业结构，逐渐形成错位发展、优势互补的态势(见表4-3)。相邻区域间经济发展的异质性与产业结构的互补性是推动同城化区域人口空间流动的另一重要推手。

表4-3　2018年中部城市群同城化地区重点发展产业对比

同城化地区	城市	三次产业比	重点发展产业
太榆	太原	1.1∶37.0∶61.9	电子信息、新材料、机械创新为主的先进制造业、现代金融业、信息服务、科技教育、文化旅游、商贸等
	榆次	7.3∶32.1∶60.6	冶金、机械、电气、化工、煤焦、建材、轻纺、食品等
合淮	合肥	3.5∶46.2∶50.3	平板显示及电子信息、家用电器制造、汽车及零部件制造、装备制造、光伏和新能源、食品及农副产品加工
	淮南	10.8∶46.6∶42.6	化工、新材料、电子信息、装备制造、生物医药、轻工业、纺织业
郑开	郑州	1.4∶43.9∶54.7	电子信息、汽车及装备制造、生物及医药、新材料、铝及铝精深加工、现代食品制造、品牌服装及家居制造
	开封	13.7∶38.9∶47.4	装备、纺织服装、木业、化工、食品、新材料、光伏、生物医药、汽车及零部件、电子信息
昌九	南昌	3.6∶50.5∶45.9	汽车和新能源汽车、电子信息、生物医药、航空装备、食品、纺织服装、材料制造、机电制造
	九江	7.0∶50.5∶42.5	石油化工、现代轻纺、钢铁有色、装备制造、电力新能源

续表

同城化地区	城市	三次产业比	重点发展产业
汉孝	武汉	2.4∶43.0∶54.6	电子信息、智能制造、汽车产业、装备产业、钢铁产业、石化化工产业、医药产业、食品产业、家电产业和服装产业
	孝感	15.0∶48.4∶36.6	汽车机电、光学、电子、新型建材、轻工纺织、盐磷化工、食品医药、金属制品
长株潭	长沙	3.6∶47.4∶49.0	现代科教、商贸、文化、旅游、工程机械、中成药及生物制药、新材料、汽车及零部件等
	湘潭	5.8∶48.2∶46.0	机电、冶金、新材料、旅游业
	株洲	7.1∶43.7∶49.2	先进制造业、电子信息业、有色金属深加工、新材料以及生物医药

四、经济集聚性增强是同城化地区人口迁移流动的空间驱动力

经济地理集中度综合考虑区域经济总量与国土面积的因素，是区域经济总量在地理空间上的响应，是衡量经济在地域空间上集中程度的重要指标，反映区域经济的空间分布与集聚情况（蔡卓杰 等，2016）。

经济地理集中度的计算公式如下

$$R_{\mathrm{GDP}_i}=\frac{\mathrm{GDP}_i/\sum \mathrm{GDP}_i}{S_i/\sum S_i} \tag{4-1}$$

其中，R_{GDP_i} 指 i 城市的经济地理集中度；GDP_i、S_i 分别表示 i 城市国内生产总值和国土面积。通过对中部城市群 6 个同城化区域 2000 年、2005 年、2010 年和 2015 年四个时间截面的经济地理集中度进行分析发现，总体而言，同城化区域的 13 个城市的集中指数不断增强（见图 4-1），尤其中心城市的经济集聚性变化更为明显。其中，2015 年经济地理集中度超过 1 的武汉市的经济集聚性最强，从 2000 年的 0.1425 增加到 2015 年的 1.2727；其次是郑州市和长沙市，2015 年经济地理集中度分别为 0.9818、0.7202；合肥、南昌的经济地理集中度均超过 0.5，分别比 2000 年增强了 10.23 倍、8.10 倍；太原的经济地理集中度指数相对较低，仅为 0.3932，但相比 2000 年，增加了 6.90 倍。相比中心城市而言，同城化的相邻城市的经济地理集中度均低于 0.5，中心城市与相邻同城化地区的经济空间集聚梯度差异是推动人口的区域间迁移流动的空间驱动力。

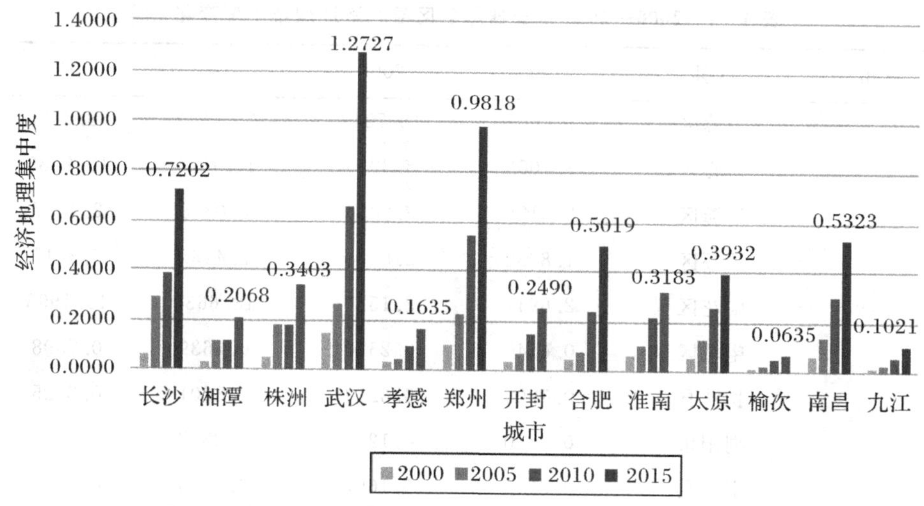

图 4－1　中部城市群同城化区域经济地理集中度变化

从中部城市群 6 个同城化区域的经济空间集聚情况看，2000—2015 年各区县的经济空间分布中心集聚度不断增强，而且越来越向中心城市集聚。县市区空间集聚性区域变化差异明显，长株潭、汉孝、太榆 3 个同城化地区的市辖区相邻，普遍呈现中心城市市辖区的经济集聚程度高于其他市辖区的态势，中心化集聚特征明显，周边地区基本呈现较低经济集中度。

1. 长株潭同城化地区的经济地理集中度变化

从长株潭同城化的各区县情况看，处于第一方阵的中心城市长沙市辖区芙蓉区的增幅最大（见表 4－4），2015 年经济地理集中度为 33.6136，比 2000 年增强了 26.1469；其次是属于第二方阵的雨花区和天心区，2015 年经济集聚性分别比 2000 年增强了 16.5052、10.1682，经济地理集中度分别为 19.1993、13.2685；第三方阵的开福区、荷塘区、芦淞区、石峰区、岳塘区等市辖区经济集聚性增幅较大，2015 年经济地理集中度均超过 5，其中邻近天心区和雨花区的湘潭岳塘区和株洲石峰区经济集聚性最强，分别为 7.1248、8.7900；处于第四梯队的是岳麓区、天元区、雨湖区，经济地理集中度均在 2 以上；外围县市经济地理集中度均在 1 以下。这种从中心往外围逐渐递减的经济集聚性梯度差异进一步表明长株潭同城化地区的空间经济集聚性极化特征，是推动人口空间流动的动力基础。

表 4-4 2000—2015 年长株潭各区县经济地理集中度变化

城市	区县	2000	2005	2010	2015
长沙	芙蓉区	7.4667	18.7249	35.6212	33.6136
	天心区	3.1003	6.3256	14.1965	13.2685
	岳麓区	2.0158	3.2080	2.0308	2.1097
	开福区	1.8452	2.6678	5.4165	5.3117
	雨花区	2.6941	8.1527	18.6632	19.1993
	望城区	0.6540	0.2520	0.6639	0.7598
	长沙县	0.7909	0.3273	0.8201	0.8125
	浏阳市	0.2510	0.1208	0.2897	0.3094
	宁乡县	0.3912	0.1697	0.4369	0.4778
株洲	荷塘区	1.6153	2.4335	7.1960	6.1135
	芦淞区	6.3136	8.4449	6.4336	6.7987
	石峰区	3.6265	6.3887	12.4077	8.7900
	天元区	6.8592	1.8351	7.8134	3.9562
	株洲县	0.6764	0.2349	0.5529	0.5302
	攸县	0.6750	0.2468	0.5794	0.6224
	茶陵县	0.3078	0.1403	0.2891	0.3045
	炎陵县	0.1501	0.0531	0.1246	0.1462
	醴陵市	0.9961	0.4480	1.0876	1.1917
湘潭	岳塘区	1.3463	0.6196	1.8011	7.1248
	雨湖区	1.1524	0.6311	1.0146	3.5483
	湘潭县	0.4511	0.1771	0.4566	0.4544
	湘乡市	0.5382	0.1875	0.4572	0.4909
	韶山市	0.7828	0.3464	0.7046	0.8380

资料来源:2001 年、2006 年、2011 年、2016 年湖南省统计年鉴。

注:部分区县因行政区划调整,经济地理集中度有些年份有波动变化,但结果不影响整体分析,故未再一一做特别说明。

2. 汉孝同城化地区的经济地理集中度变化

从汉孝同城化地区的经济集聚性整体情况看,武汉市辖区除了青山区因行政区划调整有所下降外,其他辖区的经济地理集中度 2000—2015 年基本都增加了(见表 4-5),增幅最大且经济集聚性最强的是江汉区,2015 年经济地理集中度达

25.7156，与2000年的18.8250相比增强了6.8906；2015年硚口区与武昌区经济集聚度均超过10，分别为10.7409、10.7261；位于第三方阵的是江岸区、汉阳区、青山区，经济地理集中度分别为8.4658、6.1283、6.4913；洪山区和孝感市的市辖区孝南区以及邻近的云梦县、汉川市的经济地理集中度均超过1，其他周边区县均在1以下。从汉孝同城化的经济空间总体布局看，亦呈现中心高外围低的分布特征，尤其2010—2015年经济地理集聚性更明显。

表4-5 2000—2015年汉孝各区县经济地理集中度变化

城市		区县	2000	2005	2010	2015
武汉市	汉口	江岸区	8.1648	8.2792	8.3951	8.4658
		江汉区	18.8250	20.4780	21.9134	25.7156
		硚口区	9.8848	13.5906	10.1234	10.7409
	汉阳	汉阳区	4.9831	5.6640	6.0870	6.1283
	武昌	武昌区	9.0898	9.3587	8.2398	10.7261
		青山区	25.3367	20.9721	10.4617	6.4913
		洪山区	0.5520	1.2526	1.4697	1.0200
		东西湖区	0.5118	0.6363	0.8003	0.9976
		汉南区	0.2331	0.2743	0.2964	0.3303
		蔡甸区	0.1975	0.1693	0.2285	0.2669
		江夏区	0.1963	0.1538	0.2251	0.2325
		黄陂区	0.1547	0.1479	0.1735	0.1985
		新洲区	0.2332	0.1991	0.2414	0.3012
孝感市		孝南区	1.1790	0.9712	1.0366	1.1657
		孝昌县	0.6444	0.5139	0.5581	0.5239
		大悟县	0.4632	0.4112	0.3845	0.3672
		安陆市	0.6621	0.7109	0.9030	0.8875
		云梦县	1.7904	1.9243	2.1442	2.4203
		应城市	1.8716	1.2173	0.9334	0.9544
		汉川市	1.5154	1.3664	1.3405	1.5300

资料来源：2001年、2006年、2011年、2016年湖北省统计年鉴。

注：部分区县因行政区划调整，经济地理集中度有些年份有波动变化，但结果不影响整体分析，故未再一一做特别说明。

3. 太榆同城化地区的经济地理集中度变化

2000—2015年太榆同城化地区的经济空间分布特征与长株潭和汉孝类似，呈现中心城市市辖区高、周边较低的特点。其中,太原市辖区迎泽区一直处于经济集聚中心,2015 年经济地理集中度为 11.6275(见表 4-6),是 2000 年的 7.69 倍;然后是与迎泽区相邻的杏花岭区和小店区,2015 年两者的经济集聚性是 2000 年的 8.34 倍、7.59 倍,分别为 6.7716、5.7674;紧邻经济集聚核心区的尖草坪区、万柏林区以及晋中市辖区榆次区、第一批国家新型城镇化综合试点地区介休市和与之相邻的灵石县的经济地理集中度均超过 2;其他周围县市的经济地理集中度均较低(见表 4-6)。

表 4-6 2000—2015 年太榆各区县经济地理集中度变化

城市	区县	2000	2005	2010	2015
太原	迎泽区	1.5127	10.6318	12.1242	11.6275
	杏花岭区	0.8123	5.4197	6.2621	6.7716
	万柏林区	0.5485	2.9152	3.7702	2.9365
	尖草坪区	0.7041	3.4406	3.2968	2.1965
	晋源区	0.4919	0.8601	0.7240	0.4625
	小店区	0.7598	3.2436	4.4280	5.7674
	古交市	0.2524	0.1742	0.0732	0.0363
	清徐县	0.8399	0.7911	0.5950	0.4856
	阳曲县	0.0501	0.0380	0.0442	0.0383
	娄烦县	0.0346	0.0494	0.0332	0.0276
榆次	榆次区	3.0165	2.4446	2.3626	2.4946
	介休市	3.8713	4.2393	4.8410	2.8650
	太谷县	1.4859	1.3333	0.9690	1.1490
	祁县	1.5290	1.4436	1.0430	1.2190
	平遥县	1.3417	1.3329	1.1692	1.2296
	灵石县	1.4558	1.9434	2.3238	2.3002
	榆社县	0.3175	0.3962	0.2497	0.2430
	左权县	0.2560	0.3019	0.2670	0.3343
	和顺县	0.1988	0.2305	0.2394	0.2983
	寿阳县	0.3809	0.4612	0.3258	0.6611
	昔阳县	0.3773	0.3052	0.7134	0.4358

资料来源:2001 年、2006 年、2011 年、2016 年山西省统计年鉴。

注:部分区县因行政区划调整,经济地理集中度有些年份有波动变化,但结果不影响整体分析,故未再一一做特别说明。

4. 合淮同城化地区的经济地理集中度变化

与长株潭、汉孝、太榆同城化地区不同，合淮、昌九、郑开因两同城化区域市辖区不相邻，其经济空间分布相对较为复杂，总体而言，中心城市与相邻城市市辖区的经济集中度高于其他县市经济集中度。但合肥、南昌、郑州中心城市因行政区划的调整，2000—2005 年中心城市的经济地理集中度有不同程度的下降，其他县市的经济集聚度有小幅增强。

2000—2015 年合淮同城化地区因合肥市辖区行政区划调整变化较大，中心城市经济空间分布集聚性有不同程度的降低，其中瑶海区、蜀山区降幅比较大，分别降低了 10.4290、12.2687。2011 年 7 月巢湖市由地级市设为县级巢湖市，行政区划的调整亦使得其经济空间分布发生了相应变化。但就每个年段来说，经济地理集中度仍表现为中心城市的四个市辖区高，其他周边区县较低的特点。2015 年经济地理集中度最高的是庐阳区，其次是包河区，分别为 8.7466、4.5535；瑶海区、蜀山区和邻近合肥的田家庵区经济地理集中度均超过 1，周边其他县市均低于 1(见表 4－7)。

表 4－7　2000—2015 年合淮各区县经济地理集中度变化

城市	区县	2000	2005	2010	2015
合肥	瑶海区	13.8622	13.2139	7.2423	3.4332
	庐阳区	12.3633	11.4692	9.6332	8.7466
	蜀山区	13.6942	9.7764	2.4834	1.4255
	包河区	5.7675	7.8018	4.7338	4.5535
	长丰县	0.1855	0.2683	0.3594	0.3919
	肥东县	0.3078	0.4289	0.4222	0.4381
	肥西县	0.2088	0.3965	0.5583	0.6487
	庐江县	0.2603	0.2758	0.1876	0.1877
	巢湖市	0.5982	0.6869	0.1979	0.2371
淮南	大通区	0.7882	0.4738	0.4938	0.4427
	田家庵区	2.1870	2.5531	2.6816	2.5677
	谢家集区	2.2059	1.9292	1.1782	0.5755
	八公山区	1.5836	1.7129	1.8540	0.9826
	潘集区	0.4275	0.6604	0.7976	0.7133
	凤台县	0.4259	0.5963	0.7222	0.7244

资料来源：2001 年、2006 年、2011 年、2016 年安徽省统计年鉴。

注：部分区县因行政区划调整，经济地理集中度有些年份有波动变化，但结果不影响整体分析，故未再一一做特别说明。

5. 昌九同城化地区的经济地理集中度变化

与 2000 相比，2015 年昌九同城化地区的经济地理集中度除了南昌市辖区东湖区、西湖区和九江武宁县、修水县有不同程度降低外，其他区县均有不同程度的增加(见表 4－8)。因行政区划调整较大，经济地理集中度降幅最大的是东湖区和西湖区，分别比 2000 年降低了 25.6189、13.4652；增幅最大的是青云谱区，2015 年比 2000 年增加了 9.8646，其次是庐山区，与 2000 年相比，2015 年经济地理集中度增加了 3.0481。但就每个年段来看，因昌九两市辖区不相邻，经济地理集中度分别表现为各市辖区的集聚，即中心城市南昌市辖区的东湖区、西湖区、青云谱区、青山湖区以及九江市辖区浔阳区和庐山区的中心极化集聚特征明显，周边其他区县基本呈现较低的经济地理集中度(见表 4－8)。

表 4－8　2000—2015 年昌九各区县经济地理集中度变化

城市	区县	2000	2005	2010	2015
南昌	东湖区	45.5752	36.9063	32.4894	19.9563
	西湖区	32.1786	31.2658	24.5594	18.7134
	青云谱区	3.6291	16.7939	13.9769	13.4937
	青山湖区	3.8727	3.9227	4.3412	4.2787
	湾里区	0.2528	0.3166	0.3516	0.3640
	新建区	0.2220	0.2564	0.2511	0.3031
	南昌县	0.5555	0.5652	0.6093	0.6319
	进贤县	0.2232	0.3033	0.2833	0.2642
	安义县	0.2515	0.2663	0.2658	0.2593
九江	浔阳区	6.5596	11.5682	9.1136	7.3093
	庐山区	1.4813	5.5667	4.9550	4.5294
	瑞昌市	0.7183	0.7864	0.8075	1.0328
	九江县	0.9118	0.8297	0.9239	1.0454
	武宁县	0.3134	0.2861	0.2650	0.2710
	修水县	0.3441	0.3167	0.2486	0.2831
	永修县	0.5891	0.5491	0.5610	0.6122
	德安县	0.6337	0.6971	0.7896	0.9527
	星子县	0.5787	0.5328	0.8497	1.1104
	都昌县	0.3715	0.4408	0.4135	0.4688
	湖口县	0.9028	0.9333	1.7554	1.5960
	彭泽县	0.4921	0.4771	0.4462	0.5368

资料来源：2001 年、2006 年、2011 年、2016 年江西省统计年鉴。

注：部分区县因行政区划调整，经济地理集中度有些年份有波动变化，但结果不影响整体分析，故未再一一做特别说明。

6. 郑开同城化地区的经济地理集中度变化

与昌九同城化地区的经济地理集中度变化相比，郑开同城化地区的变化幅度相对较为平缓，区域差异相对较小。与 2000 年相比，2015 年郑开同城化地区约 1/2 区县的经济地理集中度呈正增长，约 1/2 的区县呈负增长，增幅最大的为金水区，降幅最大的为上街区。2015 年，经济地理集中度超过 1 的 11 个区县中，金水区最高，为 8.2315；邻近金水区的管城区为 3.2184；外围的中原区和二七区分别为 2.8573、2.9749。开封市辖区经济地理集中度超过 4 的为鼓楼区和禹王台区，其相邻的顺河回族区为 3.8453，其他周边区县的经济地理集中度相对呈现较低的分布。总体上看，郑开同城化区域的经济空间分布表现为中心城市郑州市辖区和相邻城市开封市辖区较高的经济地理集中度，周边区县较低经济地理集中度的特征（见表 4－9）。

表 4－9　2000—2015 年郑开各区县经济地理集中度变化

城市	区县	2000	2005	2010	2015
郑州	中原区	4.0705	3.0586	3.1859	2.8573
	二七区	4.3861	4.8079	3.5501	2.9749
	金水区	4.5817	4.3563	4.4723	8.2315
	惠济区	0.4445	0.5583	0.6157	0.5265
	上街区	5.8220	3.3965	2.5483	1.8961
	管城区	2.4245	2.7180	2.4163	3.2184
	巩义市	0.9524	1.0019	0.7423	0.6120
	新郑市	0.8856	0.7848	0.8238	1.0196
	登封市	0.3909	0.4089	0.4729	0.4360
	新密市	0.7087	0.7573	0.7350	0.6533
	荥阳市	0.6907	0.6820	0.6923	0.6598
	中牟县	0.2877	0.2854	0.3501	0.5519
开封	祥符区	0.8007	0.6490	0.6681	0.6668
	龙亭区	1.9850	1.7200	1.5540	1.7382
	顺河回族区	4.2266	4.3642	4.5162	3.8453
	鼓楼区	5.0384	4.2617	5.3838	4.4562
	禹王台区	4.3030	4.2117	4.5945	4.4464
	杞县	0.8942	0.9418	0.8698	0.8480
	通许县	1.0164	1.0726	1.0755	1.1212
	尉氏县	0.8000	1.0332	1.0165	0.9943
	兰考县	0.7936	0.7221	0.7749	0.8441

资料来源：2001 年、2006 年、2011 年、2016 年河南省统计年鉴。

注：部分区县因行政区划调整，经济地理集中度有些年份有波动变化，但结果不影响整体分析，故未再一一做特别说明。

第二节　区域交易费用的降低是同城化地区人口迁移流动的核心动力

一、市场一体化发展是同城化地区人口迁移流动的前提条件

区域市场一体化发展是同城化相邻城市突破行政壁垒以及相互间的贸易屏障的有效手段，其通过较为统一的市场体系相互补充因地理区位、资源禀赋、人口条件和经济发展等带来的发展差异，以提高区域生产要素的配置效率，扩大市场规模，形成规模经济，降低交易成本，减少因过度依赖其他外部市场带来的经济损失，提高区域整体竞争力。从理论上讲，建立共同市场一般需要几个条件，即区域内国家或地区地域相邻、贸易体制相同；对区域内经济承担义务；人均收入差异较小等（曾群华，2011）。发展和完善同城化区域优化配置的产品要素市场体系、辐射广泛的商品交易市场体系、统一规范的信用服务市场体系等，将进一步促进分工的深化，降低区域之间的交易费用，使相邻城市的政府间相互合作、产业发展相互协调、商品和要素跨区流动的额外成本逐渐接近于零，使普通民众出行的时空成本愈来愈小，是推动人口经济要素无障碍自由流动的重要前提条件。

二、交易费用是同城化地区人口空间迁移流动的重要考量

交易费用（R. H. Coase，1960）是交易主体为获得市场信息、谈判和签订交易契约并在契约实施中监督以及必要时调节与仲裁的费用；O. E. Willimson（1979）把交易费用看作是经济系统运转所需要的代价与费用；D. C. North（1984）将交易费用定义为从贸易中获取的政治和经济组织的所有成本。D. C. North 和 J. J. Wallis（1987）从宏观、微观以及其可测性程度等三个角度分别对交易费用进行了分类，认为宏观层面上交易费用包括企业内交易费用、国家为维持经济秩序和提供公共服务时所产生的费用、为交易服务的中介部门发生的费用。E. G. Furubotn和 R. Richter（2006）将交易费用分为市场型、管理型和政治型，其中，市场型交易费用是交易双方获取信息、搜寻、谈判、保障合约执行所涉及的费用；管理型交易费用指公司或其他团体建立和为了维系组织的运行而必须支付的费用；政治型交易费用是“集体行动提供公共品所产生的费用”。

国内学者汪丁丁（1995）认为在经济分析中，可以把交易费用理解为“在给定的不完备的知识集合上对可供选择的制度做选择的成本”。林毅夫（2000）则认为交易成本包括直接成本和间接成本，其中，直接成本包括为获取契约各方所需信息的费用，各方谈判就契约协议达成一致的费用和把所有规定传达给有关各方的费用；间接费用主要包括监督和实施契约条件的费用、不履行契约所带来的产出损失所

造成的费用。张五常(2001)认为"可以把交易成本看作是一系列的制度成本,主要包括信息成本、谈判成本、起草和实施和约的成本、界定和实施产权的成本、监督管理的成本和改变制度安排的成本"。金玉国等(2010)从规模与成因两个维度对我国政治型交易费用进行了实证研究,认为政治型交易费用的成因与经济发展水平、社会发展水平、经济体制转轨程度紧密相关。

同城化区域相邻城市间通过消除城市间的各种障碍与行政壁垒,通过空间规划整合、基础设施共建、市场经济融合、产业互补互促等方式,使同城化城市之间的商品和要素跨区域流动交易成本降低,形成统一的"要素＋商品＋服务"市场体系与流动机制(曾群华,2011),降低区域之间人口迁移流动的时空交易成本,反过来又促进同城化效益的不断纵深发展,这也是相邻城市之间人口要素流动机理的重要考量。

三、中心城市交易费用降低是人口空间迁移流动的核心驱动力

政治型交易成本的规模可通过公共部门消耗或占用的社会资源的规模衡量(金玉国,2008),这里将现行国民经济行业分类中的"公共管理和社会团体"大类定义为公共部门(金玉国 等,2006),公共部门占用或所消耗的社会资源规模(包括物力、人力和财力三个方面)近似地视为其宏观政治型交易费用 Y①,即

$$Y=(X_1+X_2+X_3)/3$$

式中:X_1 表示政府消费支出占 GDP 的比重,反映公共部门消耗或支配的社会物力资源的程度;X_2 表示政府从业人员占社会从业人数总数的比重,主要反映公共部门占用的社会人力资源的程度;X_3 表示行政管理费用占财政支出的比重,主要反映公共部门占用的社会财力资源的程度。

政治型交易费用宏观上从物力、人力、财力方面反映区域之间要素流动的制度交易成本,寻求制度成本与交易费用的不断降低是实现同城化区域共同利益的根本动力。对中部城市群 6 个同城化地区的政治型交易成本进行测算可知,6 个中心城市的宏观政治型交易费用除合肥的年均增长率呈正增长外,其他城市整体上均呈下降趋势。与 2006 年相比,2015 年宏观政治型交易费用降幅最大的是武汉市,减少了 4.8 个百分点,年均增长率为－5.08%;其次是长沙市,2015 年宏观政治型交易费用比 2006 年减少了 2.98 个百分点,年均增长率为－3.23%;太原、郑州、南昌的宏观政治型交易费用年均降幅均超过 2 个百分点(见表 4－10)。

---

① 本研究主要从宏观维度,即政府的消费支出、政府从业人员、政府财政支出等三方面占社会资源的比重度量政治型交易费用;政府消费支出指政府部门为全社会提供的公共服务的消费支出和免费或以较低的价格向居民住户提供的货物和服务的净支出。

表 4-10 中部同城化地区中心城市 2006—2015 年宏观政治型交易费用(单位:%)

城市	长沙	武汉	合肥	太原	郑州	南昌
2006	11.64	12.82	5.7	7.6	9.7	6.05
2007	10.56	12.71	7.46	9.43	12.31	7.39
2008	10.2	10.38	7.28	9.5	11.65	7.19
2009	9.68	8.46	7.19	9.66	10.3	6.59
2010	8.72	8.11	7.07	9.35	10.68	5.57
2011	8.33	8.43	7.64	8.33	10.04	5.23
2012	8.75	7.68	8.23	7.6	10.12	4.95
2013	9.49	8.11	8.12	7.41	9.56	5.08
2014	9.13	8.29	7.49	6.32	8.53	4.75
2015	8.66	8.02	6.84	6.16	7.96	4.95
年均增长率	−3.23	−5.08	2.05	−2.32	−2.17	−2.22

数据来源:根据 2007—2016 年湖南、湖北、安徽、山西、河南、江西省统计年鉴计算整理得到。

从各中心城市的宏观政治型交易费用变化情况看,除合肥外,其他 5 个中心城市 2007 年后均开始呈现下降的趋势(见图 4-2),这主要源于长株潭、汉孝、合淮、太榆、郑开、昌九地区的同城化发展从务虚到务实的启动时间大体相当,均在 2006—2007 年前后;2010 年后政治型交易费用再次呈现新的下降趋势,其波动变

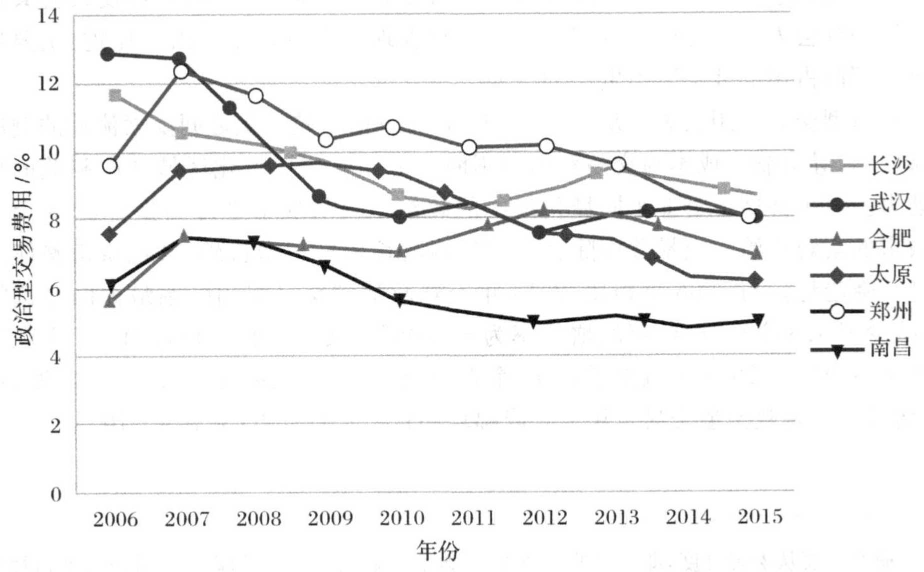

图 4-2 2006—2015 年中部同城化地区中心城市宏观政治型交易费用变化

化基本与 2010 年 6 个同城化地区的纵深全面发展紧密相关，这一变化规律与人口空间变化的趋势基本吻合。中心城市的政治型交易费用降低为相邻地区向中心城市集聚提供了制度保障与动力源泉，进一步证明了同城化地区在区域制度协作、经济协调发展等方面同城化效应的逐渐凸显推动同城区域间人口的空间迁移流动。

从中心城市公共部门占用社会的物力、人力、财力资源程度的变化情况看(见图 4-3)，2006—2015 年，武汉、合肥的政府消费支出占 GDP 的比重呈正增长，年平均增长率分别为 0.16%、5.71%，其他 4 个城市的物力资源消耗均呈下降趋势，年均增长率为负；从政府从业人员占社会从业人员总数的比重看，长沙、南昌公共部门占用的人力资源呈缓慢增长趋势，年平均增长率分别为 0.17%、1.9%，而其他 4 个城市均呈负增长；从公共部门占用社会财力资源的程度看，6 个中心城市变化趋势基本相同，年均增长率均为负。

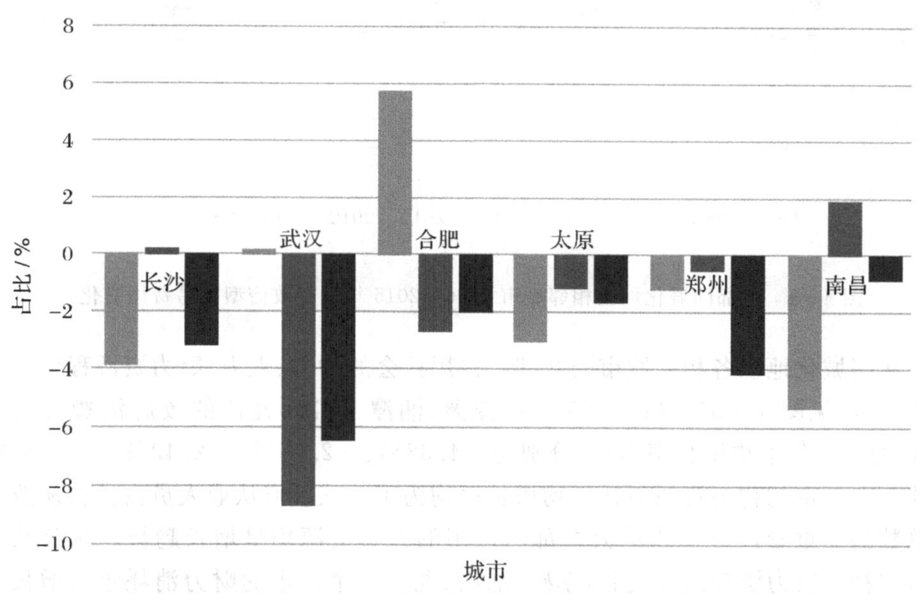

图 4-3　2006—2015 年中部同城化地区中心城市公共部门占用社会物力、人力、财力资源程度的变化情况

与中心城市相比，2006—2015 年同城化地区的相邻城市的宏观政治型交易费用除了株洲和湘潭呈负增长外，其他 5 个城市均呈正增长，这主要源于长株潭三个城市的市辖区在经济、地理空间上已基本连成一片，同城化发展的制度性障碍、流动性障碍更小，为三个城市之间人口要素的互通往来提供了更为便利的条件。其他 5 个城市的宏观政治型交易费用年均增长率均呈正增长，整体波动变化规律与

中心城市基本协调,2006—2008 年启动阶段增幅较大,之后有所下降,这主要是因为与中心城市的同城化接轨发展过程中各种物力、人力、财力的增加,未来的同城化发展中应着力解决制度上的深层次接轨,降低与中心城市的同城化发展的交易成本。

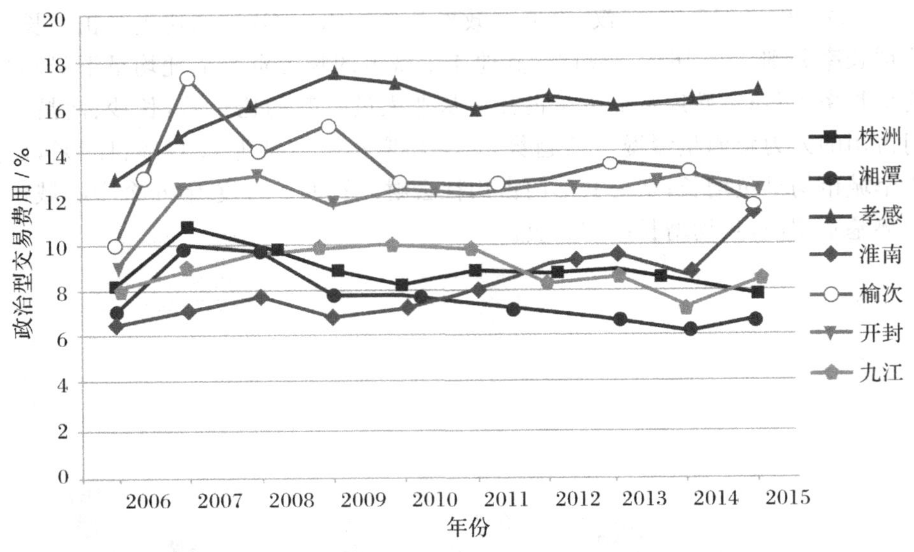

图 4-4 中部同城化地区相邻城市 2006—2015 年宏观政治型交易费用变化

从同城化地区各相邻城市公共部门占用社会的物力、人力、财力资源程度的变化情况看(见图 4-5),2006—2015 年株洲、湘潭、榆次、九江的政府消费支出占 GDP 的比重年平均增长率为负,分别为-4.38%、-2.96%、-2.42%、-1.28%,其他 3 个城市的物力资源消耗年均增长率均为正。从政府从业人员占社会从业人员总数的比重看,7 个城市的公共部门占用的人力资源均呈增长趋势。从公共部门占用社会财力资源的程度看,孝感、淮南、九江 3 个城市的财力消耗年均增长率均为负,分别为-0.094%、-3.36%、-2.17%,其他 4 个城市的财力消耗年均增长率均为正。在未来与中心城市同城化发展过程中,7 个城市均应降低公共部门的人力消耗,孝感、淮南、开封应加强物力资源的节约集约利用,株洲、湘潭、榆次、开封应减少公共部门的财力消耗,为同城化发展过程中人口空间迁移流动节省物力、人力、财力等方面的交易成本。

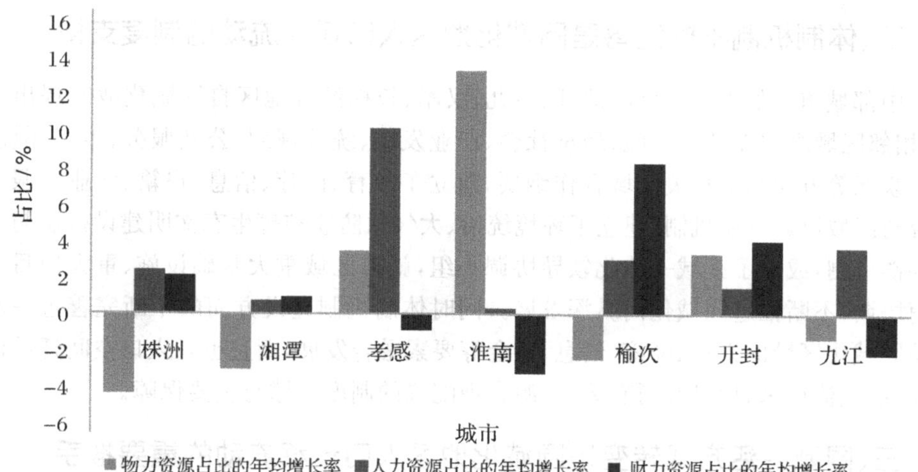

图 4-5　2006—2015 年中部同城化地区相邻城市公共部门占用社会物力、人力、财力资源程度的变化情况

第三节　区域软环境日益完善是同城化地区人口迁移流动的引导驱动力

一、区域扁平化管理是同城化地区人口迁移流动的重要基础

因同城化区域在资源禀赋、人口规模、区域战略地位、经济发展阶段等方面的差异，以及同城化区域经济空间分布的梯度特征，使相邻城市之间的同城化发展更加需要区际的高度融合度与一致性，以及高阶位、扁平化的区域合作管理方式。随着中部城市群核心区域之间基础设施日益完善、要素流动日益频繁、同城化不断纵深发展，同城化城市之间的区域合作逐渐趋向于扁平化的管理，突出地表现在：相邻城市主体之间的政府管理形式从以纵向联系为主向以横向联系为主转变；相邻区域之间的竞争从 GDP 标准为主向绿色生态的竞合发展为主转变；企业管理与组织形式从内部管理为主向区域的纵向垂直分工和横向水平分工相结合转变；社会公共事务从追求“面子”工程向与民生息息相关的公共社会服务均等化转变；人口空间流动的主体从政府公务人员、商务人员为主向普通民众为主转变，人口空间流动的动因从单一的经济驱动向多元化动因转变，进而对区域同城化城市之间的基础设施配置、公共社会事业管理、人口空间结构、户籍管理等带来重要影响。

二、体制机制不断完善是同城化地区人口迁移流动的制度支撑

中部城市群的太榆、合淮、郑开、昌九、汉孝、长株潭等地区自同城化战略提出以来，相邻区域之间在基础设施、经济社会、产业发展、统筹规划、公共服务、生态环境、联防联保等方面制定相关区域合作纲要，建立了教育、医疗、信息、户籍、就业等服务平台与区域协调发展机制；建立了环境统治、大气联防联控等生态文明建设机制与利益补偿机制，成立了区域一体化领导协调小组，就跨区域重大基础设施、重大项目等协商协调，不断推进同城化向纵深发展。同时体制机制建设方面的不断完善进一步推动同城化区域的人口、经济、信息、资金等要素融合发展，而且也是人口空间迁移流动、经济交流往来、信息互通有无、资源合理配置的制度支撑与重要保障。

三、同城生活方式转变是同城化地区人口迁移流动的重要推手

随着中部城市群同城化区域半小时交通圈的完善发展以及多样化的综合交通网络的逐渐形成，在推动人们出行方式变革的同时不断刷新相邻城市之间的最短时空距离，尤其是人们的最短心理距离缩短，亦不断更新和转变人们的生活消费观念，从而催生了越来越多的“双城生活”“双城工作”“钟摆族”等新的群体及其跨城的异地工作、异地购物、异地养老等新的生活模式。人们自身思想观念的转变是同城化区域人口迁移流动的内在推手。以长株潭为例，在株洲与周边城市的市际出行中，长沙是株洲对外联系量增长最快的城市，株洲中心城区与长沙之间的交换量占全部对外出行量的31.64%[①]，预计到2030年，株洲和长沙的交通联系量将达46.88万人次/天(见图4－6)。

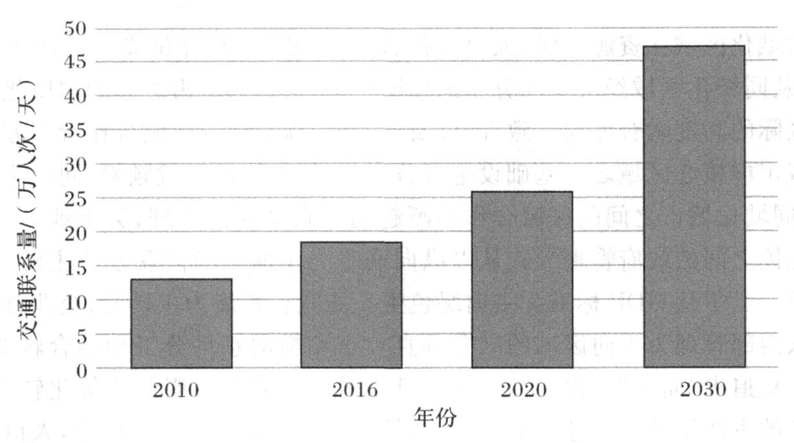

图4－6　2010—2030年株洲与长沙交通联系量及预测

① 长株潭城铁如何改变株洲？[N].株洲日报，2016－12－27.

第四节　本章小结

本章解析中部新兴城市群地区同城化发展态势下人口的空间行为过程与模式带来的新诉求与动因机理，认为经济社会融合发展是同城化地区人口迁移流动的源动力，中部同城化地区的经济联系不断增强、工业化发展业已进入高级阶段、产业结构互补、经济集聚性不断增强都从不同侧度推动了人口的空间流动；核心动力主要源于人口空间动态变化的主体对更低交易费用的追求，在同城化“力场”下的人口空间行为过程与模式选择是基于更低交易费用的利益诉求以及对同城生活宜居性与便捷性、同城生活质量与生活环境提升的追求；同城化区域经济的融合进一步促进了同城化地区软环境的日益完善，尤其是体制机制的不断完善、区域扁平化管理更是同城化地区人口空间流动的引导驱动力。

第五章

同城化视域下中部新兴城市群人口空间动态格局的模式选择

第一节　同城化视域下人口空间动态格局变化的缘由

随着同城化城市之间社会公共服务隔阂的逐渐消失，跨区域的时空距离以及心理距离也随之缩短。同城化“力场”下人口空间迁移流动涉及人们跨城居住生活、跨城购物消费、跨城养生养老、跨城教育医疗等方方面面，显得更为活跃与多样化。同时，由于各个同城化区域中心城市与周边城市经济发展水平的差异及其同城化程度的不同，同城化“力场”下形成的人口空间动态的空间响应与表现形式也不一样。根据中心城市的集聚与辐射能力以及中心城市与周边城市的同城化度，人口空间动态过程在同城化中心城市与周边城市的利益博弈中表现为不均匀性与均衡变动性，其模式主要围绕“中心—外围”表现为外围—中心集聚模式、中心—外围扩散模式、中心—外围“钟摆”模式等，在空间上呈现出向心型、离心型与平衡型等的空间表征。从博弈论的角度看，同城化实质上是博弈主体基于共同利益而寻求同城制度互补收益的协调博弈的结果，多样化模式是同城化视域下人口空间动态过程的不同博弈选择。

第二节　同城化视域下人口空间动态格局的模式

为了更好地描述中部新型城市群同城化区域 2000—2015 年的人口分布与地理空间的关联性，以及人口聚集性的变化，本研究引入空间自相关模型进行分析。作为空间统计方法的一种，空间自相关主要是反映一个区域单元上的某种地理现象或某一属性值与邻近区域单元上同一现象或属性值的相关程度（向丽华，2013），简而言之，空间自相关就是测度地理实体的空间分布状况，分析地理空间上的某种现象是集聚的或是离散的，还是随机的。

空间自相关可以通过全局自相关和局部自相关加以度量。全局空间自相关分析研究某种现象或某种属性值在整个区域空间的空间模式与分布态势，即判断某种现象在空间上是否具有集聚性特征。最常用的度量空间自相关的全局指标为 Moran’s I 指数。Moran’s I 指数用来衡量空间要素的相互关系，计算公式为

$$I=\frac{n\sum_{i=1}^{n}\sum_{j=1}^{n}\boldsymbol{W}_{ij}(x_i-\overline{x})(x_j-\overline{x})}{n\sum_{i=1}^{n}\sum_{j=1}^{n}\boldsymbol{W}_{ij}\sum_{i=1}^{n}(x_i-\overline{x})^2} \tag{5-1}$$

式中，I 指莫兰指数（Moran’s Index）；x_i 代表区域观测值；$\boldsymbol{W}_{ij}$ 是权重矩阵。在空间自相关分析报告中，Moran 指数 I 取值在 −1 到 1 之间（如果没有进行数据标准化处理，I 就可能不在区间内）。当 $I<0$ 时，为负相关（dispersed），表明区域内的

现象观测值有不同的趋势；$I=0$ 说明空间相关性为 0(random)，表明不存在空间相关性，属于随机现象；$I>0$ 说明两个变量为正相关，表明观测值具有某种趋同趋势。I 值趋近于 -1，说明研究区域空间趋异性显著；I 值趋近于 1，说明研究区域空间集聚性显著(刘娜 等,2014)。

这里首先引入空间自相关分别对中部新型城市群的同城化区域的人口空间集聚情况及其人口分布的相互影响进行分析，旨在解析同城化中心城市对于周边城市的人口引力是呈集聚向心吸引作用还是离心带动效应，即是外围—中心集聚还是中心—外围扩散。

1. 数据来源

进行人口空间自相关分析时，需要先对人口数据进行标准化处理，这里采取的基础数据为人口密度，且研究区域同城化的发展时间大体上相当，故本研究采用太榆、合淮、郑开、昌九、汉孝、长株潭 6 个同城化区域各区县 2000 年、2005 年、2010 年和 2015 年四个时间截面的人口密度。数据分别来源于 2001 年、2006 年、2011 年、2016 年山西、安徽、河南、江西、湖北、湖南省统计年鉴，部分区县综合考虑各市统计年鉴和各区县统计公报。其中，发生行政区划调整的区域根据实际变化情况统计。

人口分布指人口数量规模在地域空间上的分布，与人口数量、空间分布和一定地域内的人口密度紧密相关(Wang et al.,2016)。人口密度，是指单位土地面积上分布的人口数量，又称人口算术密度。在研究区域人口分布状态时，将人口数与地理面积进行标准化处理的常用方法是计算人口密度。设研究地域的人口数为 P，面积为 M，人口密度 D 可表示为

$$D=P/M \tag{5-2}$$

2. 研究对象处理

根据同城化各区县之间的区域相邻关系，采用二进制邻近权重矩阵，通过对 6 个同城化地区 2000—2015 年的年末常住人口进行分析处理，在 ArcGIS 10.3 中选取全局 Moran's I 指数，选择二进制邻接矩阵方法来确定空间权重矩阵(空间权重矩阵表示研究对象之间的空间邻近关系，一般采用邻接标准和距离标准，这里采用距离标准，如果 i 区域与 j 区域之间的距离在一个给定的距离之内，$\boldsymbol{W}_{ij}$ 取 1，反之取 0)；空间关系的概念化参数的选择为 INVERSE_DISTANCE 方法①，选择欧式距离作为计算距离的方法，对数据进行标准化处理后计算全局 Moran's I 指数度

① 这里采用 INVERSE_DISTANCE，INVERSE_DISTANCE 方法最适合对连续数据，或最适合对符合“两个要素在空间上越靠近，它们彼此交互/影响的可能性就越大”这种情形的对象进行建模，这种方法适合空间邻近的同城化区域。

量人口空间自相关，分析同城化各区县人口密度的空间关联程度，从而得出同城化视域下的人口空间分布变化特征。分析结果以正态分布图和各类指数的表格形式呈现，见图 5-1、表 5-1。

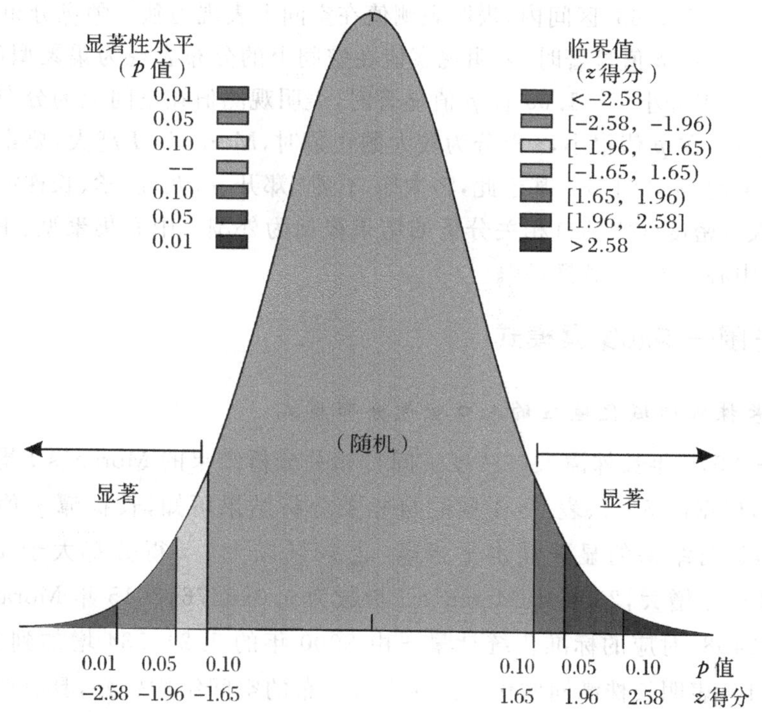

图 5-1 空间自相关分析结果图

表 5-1 常用的置信水平 α 下，z 值的接受域的范围

置信水平 α	z 值的接受域
0.10	$-1.65<z<1.65$
0.05	$-1.96<z<1.96$
0.01	$-2.58<z<2.58$

基于 ArcGIS 10.3 的空间自相关模型 Moran's I，是通过计算 Moran 指数(Moran's I)、z 得分和 p 值来对该指数的显著性进行评估，如果 Moran's I 指数值为正则指示聚类趋势，如果 Moran's I 指数值为负则指示离散趋势。在给定人口密度这一要素的情况下，可用 Moran's I 来分析人口与空间地域的关系是聚类模式(clustered)、随机模式(random)还是离散模式(dispersed)。z 得分和 p 值的大小都和正态分布有关，是用来指示要素值与均值的偏差的大小，以此来指示差异

是否具有统计学上的显著性。大多数统计检验在开始的时候都首先确定一个零假设，所以数值不能直接进行解释，而只能在零假设情况下解释。p 值表示显著性水平，p 值越小，随机概率越小，结果的可信度就越高。z 得分是标准差的倍数，如果 z 得分在[－1.65，1.65]区间内，表明观测值在空间上表现为独立随机分布；如果 z 得分大于 1.65 且 p 值显著时，表明观察值在空间上的分布表现为集聚型（高值或低值）；如果 z 得分小于－1.65 且 p 值显著时，表明观测值在空间上的分布趋于分散，为离散型。在 p 值很小，z 得分为较大的正数时，Moran's I 越大，要素的聚集程度越高（吴珣 等，2017）。基于此，将太榆、合淮、郑开、昌九、汉孝、长株潭 6 个同城化区域人口密度的空间自相关分析的结果概括为外围—中心集聚型、中心—外围离散型、中心—外围"钟摆型"。

一、外围—中心集聚模式

（一）长株潭同城化地区的人口空间分布模式

2000—2015 年长株潭人口密度空间自相关分析结果的 Moran's I 指数如表 5－2 所示，根据图 5－1、表 5－1 空间自相关分析结果可知，长株潭 p 值最大为 0.025056，运行结果的显著性水平很高，达 95%以上。z 得分都大于 1.96，且 Moran's I 逐年增大，2000 年 Moran's I 指数为 0.090676，2015 年 Moran's I 增加到 0.170408，对应的标准化统计量 z 由 2000 年的 2.240534 增加到 2015 年的 3.425210，表明长株潭同城化地区的人口分布的空间结构较好，具有明显的正相关，人口分布在空间上呈现周边城市向中心城市集聚的现象，分布模式属于外围—中心聚集型，而且聚集程度越来越高。2000—2005 年、2005—2010 年、2010—2015 年的 Moran's I 变化量分别为 0.004048、0.060629、0.015055，这说明人口聚集速度在 2005—2010 年最快，这与这个时间段长株潭同城化的进程加快紧密相关，与第三章分析的人口空间变化相吻合。

表 5－2　2000—2015 年长株潭人口空间自相关分析结果

年份	2000	2005	2010	2015
Moran's I	0.090676	0.094724	0.155353	0.170408
z 得分	2.240534	2.254739	3.189849	3.425210
p 值	0.025056	0.024150	0.001523	0.000614

从人口密度的空间分布可以更为直观地发现，2000—2015 年长株潭区域人口呈现由周边地区向市辖区集聚的趋势。市辖区和区县的人口密度均有不同程度的增

加,且 2005—2010 年这个时间段增长最快,这主要缘于这个时间段内交通、电力、金融、通信、环保等的同城发展,“新五同”的逐步实施,以及“全国资源节约型和环境友好型社会建设综合配套改革试验区”的获批等同城化的快速推进。从株洲与湘潭区县的人口密度时空变化看,邻近长沙市的区县人口总量与密度均高于远离长沙市的区县,2015 年醴陵市、湘潭县、湘乡市、韶山市的人口密度均在 400 人/平方千米左右,而与长沙市不邻近的攸县、茶陵县、炎陵县的人口密度仅为 265 人/平方千米、235 人/平方千米、101 人/平方千米,人口密度最小的炎陵县比人口密度最高的醴陵市人口少了 353 人/平方千米(见表 5-3)。

从人口密度的变化过程看,长株潭同城化区域内的总人口密度呈增长状态(见表 5-3),由 2000 年的 444 人/平方千米,上升到 2015 年的 507 人/平方千米。但增长速度有所波动,2000—2005 年增长 16 人/平方千米,2005—2010 年增长 25 人/平方千米,2010—2015 年增长 22 人/平方千米。就整个区域而言,人口密度变化不大,主要是由人口增长变化造成的。且长株潭地区人口基数大,而人口自然增长率却逐渐降低。

相对于整体而言,长株潭各县、市、区内的人口密度变化则有很大的不同。就数量上而言,2000—2005 年,长株潭同城化地区的人口密度变化量是 16 人/平方千米。人口密度变化量小于 16 人/平方千米的有 13 个县区,其中开福区、望城区、浏阳市、宁乡县、石峰区、攸县、岳塘区这 6 个县区的人口密度为负增长,最低增长量是石峰区的一328 人/平方千米。人口密度变化量大于 16 人/平方千米的有 10 个县区,变化量大于 600 人/平方千米的 3 个区是长沙市的芙蓉区、天心区和雨花区,其中又以芙蓉区的变化量为最,高达 1027 人/平方千米,年平均增长量为 205 人/平方千米。据相关文献中对长株潭地区 1990—2008 年人口重心转移因素的分析,人口机械增长的影响程度比人口自然增长大(言迎,2010)。由此可知,2000—2005 年长株潭地区的人口密度变化的主要因素是人口迁移,而且人口迁移主要是由外围县市向长株潭的市直辖区转移。在同城化视域下,即为人口从郊区向市中心流动的过程。人口从城镇化率低的地方往城镇化率高的地方转移,是城市化进程加快所带来的现象。

2005—2010 年,长株潭同城化地区的人口密度变化量是 25 人/平方千米。相比于 2000—2005 年而言,人口流动的强度加大了。人口密度变化量小于 25 人/平方千米的有 14 个县区,其中 12 个县区的人口密度为负增长,较 2000—2005 年多了岳麓区、芦淞区、株洲县、醴陵市、雨湖区、湘潭县、湘乡市、韶山市。其中,岳麓区和芦淞区的人口密度减少量最大,这主要是两个区通过区划调整以及在城市化进程中城市区域面积大幅增加引起人口密度的降低。其他人口密度变化量为负的主要是邻近长沙的区县。湘潭市除了岳塘区人口密度变化量是增加外，其他邻近长沙市的区县人口密度变化量均为负值，2000—2005年岳塘区人口密度为－162人/平方千米，而2005—2010年为481人/平方千米；雨湖区人口密度变化降低幅度最大，由原来的172人/平方千米降低到了－700人/平方千米，湘潭县、湘乡市、韶山市的变化量分别由36人/平方千米、10人/平方千米、15人/平方千米降到了－56人/平方千米、－62人/平方千米、－147人/平方千米。株洲市区县中除了荷塘区、天元区、茶陵县、炎陵县的人口变化量为正外，其余5个区县的人口变化量均为负值，且主要为邻近长沙的区县。同时，增幅变化量大于600人/平方千米的区从3个增加到了4个，多了长沙市的开福区，开福区从2000—2005年的－211人/平方千米增长到了811人/平方千米，人口密度变化量最大的芙蓉区由2000—2005年的1027人/平方千米增长为3539人/平方千米，雨花区人口密度变化量由2000—2005年的943人/平方千米增长为2009人/平方千米。相对于长沙市5个市辖区人口密度变化量增长幅度变大而言，湘潭市、株洲市的市辖区人口密度增长量都有所降低。

2010—2015年，长株潭同城化地区的人口密度变化量是22人/平方千米。相比于2005—2010年而言，各县、市、区人口密度变化量的极差减小。人口密度变化量小于22人/平方千米的有12个县区，其中长沙县、荷塘区、天元区、株洲县和湘潭县5个县区的人口密度变化量为负增长。同时，人口密度变化量大于600人/平方千米的区只有天心区和雨花区。长沙市的市辖区天心区、岳麓区和望城区的变化量有所增加，芙蓉区、开福区、雨花区的变化量都降低了。湘潭市雨湖区变化量由2005—2010年的－700人/平方千米增加到213人/平方千米，岳塘区的人口变化量有所降低。株洲市的市辖区荷塘区与天元区的人口密度变化量分别由2005—2010年的536人/平方千米、221人/平方千米降到了－94人/平方千米、－544人/平方千米，芦淞区与石峰区的变化量有较大幅度增加。2010年长株潭三市实现了电话同网，城际铁路正式开工建设等基础设施方面越来越完善，尤其是2014年开通了高铁。异地居住上班的成本降低，如在住房费用较低的湘潭居住，而在长沙上班的现象也逐渐增加，同城化的趋势越来越凸显，长株潭的同城化特征越来越明显。望城区人口密度增长速度加快是因为2011年望城县改设为望城区，全区都属于长株潭“两型社会”综合配套改革的试验核心区（刘硕，2012）。结合望城区改县为区的人口密度变化量由29人/平方千米增长到55人/平方千米，说明行政区的边界对人口有较大的抑制作用。同时，绝大多数城市的市辖区人口密度增长幅度变小，说明长株潭区域内人口迁移的速度在减慢。

表 5-3 2000—2015 年长株潭各县区人口密度变化

市区县		人口密度/(人/平方千米)				人口密度增减数/(人/平方千米)		
		2000	2005	2010	2015	2000—2005	2005—2010	2010—2015
长沙	芙蓉区	7711	8738	12277	12718	1027	3539	441
	天心区	5064	5732	6480	8139	668	748	1659
	岳麓区	2319	2843	1488	1534	524	−1355	46
	开福区	2405	2194	3005	3211	−211	811	206
	雨花区	3331	4274	6283	7156	943	2009	873
	望城区	543	522	551	606	−21	29	55
	长沙县	368	373	491	459	5	118	−32
	浏阳市	275	269	256	262	−6	−13	6
	宁乡县	463	455	400	424	−8	−55	24
长沙市		496	525	596	629	29	71	33
株洲	荷塘区	1340	1497	2033	1939	157	536	−94
	芦淞区	2602	2857	1142	1360	255	−1715	218
	石峰区	2568	2240	1706	1722	−328	−534	16
	天元区	661	1215	1436	892	554	221	−544
	株洲县	296	320	312	280	24	−8	−32
	攸县	310	282	262	265	−28	−20	3
	茶陵县	223	228	229	235	5	1	6
	炎陵县	87	88	92	101	1	4	9
	醴陵市	456	460	439	454	4	−21	15
株洲市		330	335	343	354	5	8	11
湘潭	岳塘区	1714	1552	2033	2266	−162	481	233
	雨湖区	1640	1812	1112	1325	172	−700	213
	湘潭县	450	486	430	402	36	−56	−28
	湘乡市	446	456	394	408	10	−62	14
	韶山市	480	495	348	395	15	−147	47
湘潭市		558	580	544	564	22	−36	20
长株潭		444	460	485	507	16	25	22

资料来源:根据湖南省 2001—2016 年统计年鉴计算得到。

(二)汉孝同城化地区的人口空间分布模式

根据 ArcGIS 10.3 中全局空间自相关模型对汉孝同城化区域 2000—2015 年的人口密度分析结果(见表 5-4)可知,全局 Moran's I 指数为正值,在正态分布假设之上,p 值均小于 0.01,达 99%以上,且 z 值得分都大于 2.58,运行结果的显著性水平很高,表明武汉、孝感的人口分布存在显著的、正的空间自相关,呈空间集聚现象。从 Moran's I 指数的变化来看,人口集聚程度存在小幅的波动现象,这主要与人口的自然增长、城市化进程、区域政策等因素有关。但总体上汉孝的人口空间分布呈向心型集聚趋势,这一点从 2000—2015 年人口密度空间分布变化中亦能体现出来。

表 5-4 2000—2015 年汉孝人口空间自相关分析结果

年份	2000	2005	2010	2015
Moran's I	0.213766	0.226338	0.206781	0.199706
z 得分	3.447227	3.596974	3.369292	3.286637
p 值	0.000566	0.000322	0.000754	0.001014

由 2000—2015 年汉孝人口密度的空间分布可知(见表 5-5),武汉人口呈现由远郊向市辖区集聚、孝感市辖区向武汉集聚的趋势,市辖区和区县的人口密度均有不同程度的增加。总体上看,2000—2015 年人口密度变化量幅度最大的是武汉三镇,接着是远郊城区中紧邻汉口、汉阳的东西湖区,增幅达到 384 人/平方千米,紧邻汉阳、武昌的蔡甸区的人口变化量为 182 人/平方千米,紧邻洪山区的江夏区的人口变化量为 120 人/平方千米。从孝感市来看,2000—2015 年,孝南区、与孝南区相邻的云梦县和武汉东西湖区的集聚性较为明显,除了 2000 年东西湖区的人口密度略低于汉孝的平均人口密度外,其他三个时间段均超过汉孝的平均水平。从孝感市的人口密度时空变化看,邻近武汉市与孝感市的区县人口总量与密度均高于远离武汉市的区县。2000—2015 年孝感市与武汉市相邻的区县人口增幅均大于 20 人/平方千米,超过孝感市平均水平;而与武汉远郊区人口密度最稀疏的黄陂区相邻的大悟县,人口增幅最小,仅为 9 人/平方千米。其中,远郊城区中,在 2005—2010 年这个时间段增长较快的前三个区县东西湖区、蔡甸区、江夏区分别增幅为 243 人/平方千米、154 人/平方千米、89 人/平方千米。同期,孝感市市辖区孝南区的人口密度变化量为 32 人/平方千米,亦是三个时间段孝感市中增幅最大的,这主要是因为这个时间段两市的同城化发展最为迅速。

根据汉孝人口密度的变化过程,两市区域内的总人口密度呈增长状态(见表 5-5),2000 年汉孝人口密度为 750 人/平方千米,2015 年上升到 884 人/平方千米。但增长速度有所波动，2000—2005 年增长 14 人/平方千米，2010—2015 年增长 45 人/平方千米，2005—2010 年增长幅度最大，达 75 人/平方千米。

与整体人口密度变化相比，汉孝各县市区 2000—2005 年、2005—2010 年、2010—2015 年三个时间段的人口密度变化的空间差异较大。2000—2005 年，汉孝同城化地区的人口密度从 750 人/平方千米增加到 764 人/平方千米，人口密度变化量为 14 人/平方千米，武汉市的人口密度从 885 人/平方千米增加到 1011 人/平方千米，每平方千米增加了 126 人。武汉市近郊区人口密度均呈现正增长趋势，除了江岸区和洪山区人口密度增幅相对较缓外，其他 5 个辖区的增幅均超过 800 人/平方千米。与 2000 年相比，增幅最大的是武昌区和硚口区，2005 年分别增加了 2262 人/平方千米、2151 人/平方千米。而孝感市的人口密度整体呈下降趋势，由 2000 年的 561 人/平方千米下降到 528 人/平方千米，每平方千米减少了 33 人。2000—2005 年，汉孝两市人口密度变化量小于平均水平 14 人/平方千米的有 11 个县区，其中，武汉的 6 个远郊区除汉南区略有增加和紧邻市辖区的东西湖区人口密度增加了 106 人/平方千米外，其他三个远郊区的人口密度均呈下降趋势；而同期孝感市各区县的人口密度变化量均为负值，与武汉市辖区人口密度均呈递增趋势相反，进一步证明武汉、孝感这一时间段内的人口存在从外围向中心的迁移流动现象。

2010 年，汉孝的平均人口密度达 839 人/平方千米，2005—2010 年，汉孝人口密度变化量为 75 人/平方千米。与 2000—2005 年相比，各区县的人口密度有较大变化，但仍呈向心集聚趋势。武汉市近郊和紧邻汉口的东西湖区、孝感市辖区孝南区和云梦县的人口密度均超过平均水平，汉口三区和武昌区人口密度均超过 1 万人/平方千米，蔡甸区、新洲区、应城市、汉川市的人口密度超过 500 人/平方千米，而两市的远郊黄陂区、江夏区、大悟县的人口密度仅为 300 多人/平方千米。从人口密度变化量来看，2005—2010 年变化量小于 75 人/平方千米平均水平的有 13 个县区，其中 6 个县区的人口密度为负增长，青山区的人口变化幅度最大，变化量为－3600 人/平方千米，武昌区与汉阳区相对较小，分别为－392 人/平方千米、－239 人/平方千米，说明市辖区的人口也有不同程度的流动。孝感市的人口密度变化量均低于 75 人/平方千米的平均水平，孝昌县和云梦县为负增长，与 2005 年相比，每平方千米分别减少了 8 人/平方千米、60 人/平方千米，主要是因为这两区紧邻市辖区孝南区，城市化进程对人口迁移流动产生了影响。

2010—2015 年，汉孝同城化地区的人口密度变化量是 45 人/平方千米。相比于 2005—2010 年而言，各县市区人口密度整体上呈上升趋势，从武汉、孝感两市人口密度的高值分布区域看，人口密度大的区县仍集中在武汉市近郊区与孝感市辖区，除洪山区相对低外，武汉其余近郊区人口密度均超过 5000 人/平方千米，其中汉口三区与武昌区自 2000 以来，人口密度均一直超过 1 万人/平方千米。远郊区人口密度最大的仍为东西湖区，为1064人/平方千米，新洲区和蔡甸区均超过600人/平方千米。孝感市人口密度最大的仍为与武汉较近的孝南区、云梦县，分别为904人/平方千米、877人/平方千米。从人口变化量看，相比2005—2010年，2010—2015年人口密度变化量小于45人/平方千米的有13个县区，呈负增长的区县减少，只有江岸区、洪山区、汉川市3个区县，江岸区的人口变化量为－2061人/平方千米，说明市辖区中人口变化量存在区域差异。变化量大于5000人/平方千米的区为江汉区和武昌区，其次是硚口区和青山区，2015年分别比2010年增加了3705人/平方千米、2066人/平方千米。孝感市的各区县人口密度变化量均低于45人/平方千米的平均水平，除了孝南区变化量在14人/平方千米外，其余区县变化量均在10人/平方千米以下，其中紧邻武汉蔡甸区和东西湖区的汉川市人口密度为负增长，这也从另一个侧面说明了汉孝同城化对孝感市人口时空分布的影响。

表5-5 2000—2015年汉孝各县区人口密度变化

市区县			人口密度/(人/平方千米)				人口密度增减数/(人/平方千米)			
			2000	2005	2010	2015	2000—2005	2005—2010	2010—2015	2000—2015
武汉市	汉口	江岸区	11258	11535	13948	11887	277	2413	－2061	629
		江汉区	17852	18726	20512	25677	874	1786	5165	7825
		硚口区	14794	16945	17885	21590	2151	940	3705	6796
	汉阳	汉阳区	4687	5630	5391	5731	943	－239	340	1044
	武昌	武昌区	12020	14282	13890	19635	2262	－392	5745	7615
		青山区	9686	10699	7099	9165	1013	－3600	2066	521
		洪山区	1726	1925	2895	2730	199	970	－165	1004
	远郊城区	东西湖区	680	786	1029	1064	106	243	35	384
		汉南区	344	368	400	456	24	32	56	112
		蔡甸区	462	405	559	644	－57	154	85	182
		江夏区	315	304	393	435	－11	89	42	120
		黄陂区	396	385	387	419	－11	2	32	23
		新洲区	602	587	566	603	－15	－21	37	1
武汉市			885	1011	1151	1238	126	140	87	353

续表

市区县		人口密度/(人/平方千米)				人口密度增减数/(人/平方千米)			
		2000	2005	2010	2015	2000—2005	2005—2010	2010—2015	2000—2015
孝感市	孝南区	934	858	890	904	−76	32	14	30
	孝昌县	510	492	484	490	−18	−8	6	20
	大悟县	305	289	311	314	−16	22	3	9
	安陆市	450	387	420	427	−63	33	7	23
	云梦县	947	929	869	877	−18	−60	8	70
	应城市	590	523	538	544	−67	15	6	46
	汉川市	644	608	622	619	−36	14	−3	25
孝感市		561	528	540	547	−33	12	7	14
汉孝		750	764	839	884	14	75	45	134

资料来源:根据湖北省 2001—2016 年统计年鉴计算得到。

(三)太榆同城化地区的人口空间分布模式

根据 ArcGIS 10.3 中全局空间自相关模型对太榆同城化区域 2000—2015 年的人口密度分析结果(见表 5-6)可知,四个时间段的 Moran's I 指数为正值,p 值均很小,最大仅为 0.000101,运行结果的显著性水平很高,达 99%以上,且 z 值得分都大于 2.58,表明太榆的人口分布具有明显的正相关,在空间上呈集聚分布态势。从 Moran's I 指数看,除了 2000—2005 年略有波动下降外,整体呈上升趋势,2000 年 Moran's I 指数为 0.439177,2015 年 Moran's I 指数增加到 0.483964,对应的标准化统计量 z 由 2000 年的 3.922479 增加到 2015 年的 4.207043,表明太榆同城化地区的人口分布在空间上呈现周边城市向中心城市集聚的现象,而且聚集程度越来越高。2000—2005 年、2005—2010 年、2010—2015 年的 Moran's I 指数的变化量分别为−0.006229、0.008183、0.042833,其中,2010—2015 年增幅最大,说明人口聚集速度在 2010—2015 年最快,这主要缘于 2005 年确立了太原市与晋中市榆次区“同城化”的发展目标后,太榆在规划、交通、通信、环境等方面的同城化发展不断推进两市的人口迁移流动,从而影响人口在地域空间上的分布。

表 5-6　2000—2015 年太榆人口空间自相关分析结果

年份	2000	2005	2010	2015
Moran's I	0.439177	0.432948	0.441131	0.483964
z 得分	3.922479	3.888112	3.971940	4.207043
p 值	0.000088	0.000101	0.000071	0.000026

从太原榆次2000—2015人口密度的变化过程看，两市区域内的总人口密度呈增长状态，2000年两市人口密度为467人/平方千米，2015年上升到601人/平方千米。但增长速度有所波动，2000—2005年增长11人/平方千米，2010—2015年增长18人/平方千米，2005—2010年增长幅度最大，达105人/平方千米，是2000—2005年的9.55倍(见表5-7)。

利用ArcGIS 10.3中自然断点分级法对太原、晋中各县区2000—2015人口密度进行分级，亦能直观地发现太榆的人口空间变化呈现由周边地区向太原市辖区和榆次区集聚的趋势，太原市辖区的人口集聚度越来越高，榆次与太原市辖区晋源区、近郊县域清徐县的人口密度处于同一梯次，人口的空间集聚特征体现了太原都市区、太原—晋中共建区(晋源—小店—榆次)的同城化融合发展①。总体上看，2000—2015年太原榆次的人口密度呈增长趋势，迎泽区的人口最为密集，2015年人口密度从2000年的4022人/平方千米增加到5183人/平方千米；其次是杏花岭区，与2000年相比，2015年人口密度增加了816人/平方千米，每平方千米达3875人；除了晋源区，其他三个市辖区的人口密度均超过1000人/平方千米。2000—2015年，榆次区的人口密度亦呈增加趋势，晋中市其余区县除了太原城市圈的次中心介休市人口密度较大外，其他区县人口均较为稀疏，人口集聚性亦较弱(见表5-7)。

从太榆各县市区人口密度变化看，2000—2005年、2005—2010年、2010—2015年三个时间段的人口密度变化的空间差异较大(见表5-7)。2000—2005年太榆同城化地区人口密度增幅不大，从467人/平方千米增加到478人/平方千米，人口密度变化量为11人/平方千米，太原市的人口密度从443人/平方千米增加到487人/平方千米，每平方千米增加了44人。太原市除了万柏林区人口密度呈负增长外，其他区县均呈现正增长，迎泽区、杏花岭区、小店区增幅均超过50人/平方千米。与2000年相比，增幅最大的是迎泽区，2005年增加了78人/平方千米。从晋中市整体看，太原经济圈次中心重要节点介休市人口密度增幅最大，从493人/平方千米增加到514人/平方千米，人口密度变化量为21人/平方千米。邻近太原都市区的榆次区、太谷县、祁县的人口密度增幅相对较大。2000—2005年，太原晋中两市人口密度变化量小于平均水平11人/平方千米的有14个县区，主要集中在晋中市的10个区县，太原市的万柏林区、古交市、阳曲县、娄烦县的人口密度增幅低于平均增幅，而同期太原都市圈核心区域的人口密度增幅较大，这主要源于太原都市圈外围的人口不断向中心集聚。

① 根据《太原都市圈规划(2011—2030)》，太原都市区规划范围确定为：太原市六城区，晋中市榆次区，清徐县和阳曲县行政管辖范围，太原—晋中共建区(晋源—小店—榆次)。

表 5－7　2000—2015 年太榆各县区人口密度变化

市区县		人口密度/（人/平方千米）				人口密度增减数/（人/平方千米）			
		2000	2005	2010	2015	2000—2005	2005—2010	2010—2015	2000—2015
太原	迎泽区	4022	4100	5063	5183	78	963	120	1161
	杏花岭区	3059	3115	3784	3875	56	669	91	816
	万柏林区	1927	1827	2459	2537	－100	632	78	610
	尖草坪区	1187	1212	1460	1502	25	248	42	315
	晋源区	627	642	769	793	15	127	24	166
	小店区	1665	1715	2729	2859	50	1014	130	1194
	古交市	130	134	130	137	4	－4	7	7
	清徐县	539	556	565	578	17	9	13	39
	阳曲县	69	71	58	59	2	－13	1	－10
	娄烦县	86	90	83	84	4	－7	1	－2
太原市		443	487	602	621	44	115	19	178
晋中市	榆次区	402	412	483	497	10	71	14	95
	介休市	493	514	547	562	21	33	15	69
	太谷县	276	285	286	293	9	1	7	17
	祁县	296	306	311	319	10	5	8	23
	平遥县	379	387	401	412	8	14	11	33
	灵石县	202	207	217	224	5	10	7	22
	榆社县	75	76	79	81	1	3	2	6
	左权县	77	78	80	81	1	2	1	4
	和顺县	61	62	64	65	1	2	1	4
	寿阳县	100	101	101	101	1	0	0	1
	昔阳县	114	114	117	118	0	3	1	4
晋中市		184	187	198	202	3	11	4	18
太原榆次		467	478	583	601	11	105	18	134
太原晋中		272	278	318	327	6	40	9	55

资料来源：根据山西省 2001—2016 年统计年鉴计算得到。

自 2005 年确立了太原市与晋中市榆次区“同城化”的发展目标后，两地的人口迁移流动愈发频繁。相比 2000—2005 年，2005—2010 年太榆的人口密度有较大幅度的增加,太榆的平均人口密度从 2000 年 478 人/平方千米增加到 583 人/平方千米,太原市辖区的人口密度均超过平均水平,而周边县市的人口密度呈缓慢增长甚至负增长,人口向心集聚性明显增强。其中,迎泽区的人口密度最大,从 2005 年的 4100 人/平方千米增加到 2010 年的 5063 人/平方千米。杏花岭区的人口密度达 3784 人/平方千米,万柏林区和小店区的人口密度均超过 2000 人/平方千米。从人口密度增幅看,2005—2010 年变化量小于 105 人/平方千米平均水平的有 15 个县区,太原市辖区的人口密度变化量均超过平均水平,小店区人口增幅最大,达 1014 人/平方千米;迎泽区人口密度变化量超过 900 人/平方千米,为 963 人/平方千米,杏花岭区和万柏林区的人口密度增幅均超过 600 人/平方千米。与市辖区人口密度呈大幅增长态势相比,太原周边各县市的人口密度除清徐县外,其他三县市的人口密度呈负增长,这亦说明市郊人口存在向中心城区集聚的态势。从晋中市来看,亦存在周边人口向中心集聚的现象,榆次区人口密度增幅最大,2005—2010 年人口密度变化量为 71 人/平方千米,周边县市的人口密度增幅缓慢。

2010—2015 年,太榆同城化地区的人口密度变化较为平缓,变化量为 18 人/平方千米。与 2005—2010 年相比,各县市区人口密度整体上呈上升趋势,从太榆人口密度的高值分布区域看,人口密度大的区域仍集中在太原市辖区与榆次区,最为集中的仍为迎泽区、杏花岭区、小店区、万柏林区,人口密度最大的迎泽区达 5183 人/平方千米,其次是杏花岭区,达 3875 人/平方千米,万柏林区、小店区均超过 2000 人/平方千米,分别为 2537 人/平方千米、2859 人/平方千米。从人口变化量来看,2010—2015 年,变化量小于 18 人/平方千米的县区仍集中在太原周边县市和晋中市各区县,太原市辖区的人口密度变化量均超过平均水平,变化量最大仍为迎泽区和小店区,均超过 100 人/平方千米,2015 年分别比 2010 年增加了 120 人/平方千米、130 人/平方千米。其次是杏花岭区,2015 年比 2010 年人口密度增加了 91 人/平方千米;晋源区的人口密度与其变化量在太原市辖区中均为最低,说明太原市辖区中人口密度变化量存在区域差异,且向高值集聚。2010—2015 年,晋中市各区县的人口密度增幅均低于太榆平均水平,人口增长较慢,这主要是源于这一时期太榆从基础设施的同城到区域协作的同城均向纵深发展,也从一个侧面说明了太榆同城化对晋中市人口时空分布的影响。

二、中心—外围扩散模式

(一)合淮同城化地区人口空间分布模式

基于 ArcGIS 10.3 软件对合肥、淮南 2000—2015 年人口密度进行空间自相关分析,结果见表 5-8。合淮 Moran's I 均为负值,z 得分均处于[-1.65,1.65],表明合淮同城化地区的人口密度区域之间的差异较大,人口空间分布呈现出高低间隔分布的状态(吴珣 等,2017),即表现出中心—外围的空间离散特征。从 Moran's I

变化量来看，其在2000—2005年、2005—2010年、2010—2015年呈波动变化，分别为0.074133、−0.028610、0.043650，其中2005—2010年这个时间段的Moran's *I*值较小，表明这一时期合淮同城化地区的人口空间分布差异增加；2000—2005年与2010—2015年两个时间段，Moran's *I*值有所上升，表明这两个时期合淮同城化地区的人口密度的空间差异趋于减小。

表5-8　2000—2015年合淮人口空间自相关分析结果

年份	2000	2005	2010	2015
Moran's *I*	−0.157546	−0.083413	−0.112023	−0.068373
*z*得分	−0.790189	−0.108331	−0.391074	0.029319
*p*值	0.429418	0.913733	0.695743	0.976610

从2000—2015年合淮人口密度的空间分布可以发现(见表5-9)，合肥、淮南人口密集区分别集中于两市的主城区，人口密度的空间差异较大，呈现由中心向四周扩散的趋势，中心区人口密度下降趋势明显，周边区县人口密度均有不同程度的增加。总体上看，2000—2015年，合肥与淮南的中心城区人口密度均呈不同程度的减小，变化幅度最大的是淮南的谢家集区，三个时间段人口密度均呈负增长，一直低于平均水平。其次是合肥的蜀山区，减幅达到1645人/平方千米，紧邻蜀山区的庐阳区、瑶海区、包河区在2005—2010、2010—2015这两个时间段的人口密度相对于2000—2005均下降均较大。同时，邻近合肥市与淮南市的区县人口总量与密度均高于远离合肥市的区县。长丰县人口密度变化不太明显，仅在2005—2010年人口密度略有下降。2000—2015年，淮南市的大多数市辖区人口减幅均大于230人/平方千米，低于淮南市的平均水平；仅与合肥市邻近的市辖区田家庵区，人口密度有所增加，2015年比2000年增加了604人/平方千米。2000—2015年，合肥市市辖区的人口密度增长相对较快，2015年，瑶海区、庐阳区人口密度分别为2520人/平方千米、3370人/平方千米。2007年淮南市提出实施合淮同城化战略，加快融入"省会(合肥)经济圈"的重大决策，并签订《合肥市与淮南市加强区域合作的框架协议》，从一定程度上推动了合肥市与淮南的区域合作，促进了两地人口的空间迁移。

根据合淮人口密度的变化过程，两市区域内的总人口密度呈增长状态(见表5-9)。2000年合淮人口密度为591人/平方千米，2015年上升到675人/平方千米。但增长速度有所波动，2000—2005年增长幅度最大，达52人/平方千米；2005—2010年增长幅度最小，仅为3人/平方千米，约为2000—2005年的1/17。2010—2015年间增长幅度为29人/平方千米，是2005—2010年的9.7倍。

表 5-9 2000—2015 年合淮各区县人口空间变化

市区县		人口密度/(人/平方千米)				人口密度增减数/(人/平方千米)		
		2000	2005	2010	2015	2000—2005	2005—2010	2010—2015
合肥	瑶海区	1743	2938	2457	2520	1195	−481	63
	庐阳区	1778	2977	3345	3370	1199	368	25
	蜀山区	3000	2430	1383	1355	−570	−1047	−28
	包河区	2362	2209	1449	1761	−153	−760	312
	长丰县	373	401	398	413	28	−3	15
	肥东县	453	481	495	480	28	14	−15
	肥西县	415	422	448	473	7	26	25
	庐江县	487	505	503	511	18	−2	8
	巢湖市	383	452	439	442	69	−13	3
合肥市		603	404	433	691	−199	29	258
淮南	大通区	765	510	520	529	−255	10	9
	田家庵区	1583	2042	2117	2187	459	75	70
	谢家集区	2688	2052	1223	730	−636	−829	−493
	八公山区	1592	1603	1626	1361	11	23	−265
	潘集区	644	735	756	746	91	21	−10
	凤台县	627	659	568	686	32	−91	118
淮南市		972	912	874	1212	−60	−38	338
合淮		591	643	646	675	52	3	29

资料来源:根据安徽省 2001—2016 年统计年鉴计算得到。

与整体人口密度变化相比,合淮各县市区 2000—2005 年、2005—2010 年、2010—2015 年三个时间段的人口密度变化的空间差异较大。2000—2005 年,合淮同城化地区的人口密度从 591 人/平方千米增加到 643 人/平方千米,人口密度变化量为 52 人/平方千米,合肥市的人口密度从 603 人/平方千米减少到 404 人/平方千米,每平方千米减少了 199 人。除合肥市辖区蜀山区和包河区人口密度为负增长外,其他 7 个辖区的人口密度均呈现正增长。与 2000 年相比,2005 年增幅最大的是瑶海区和庐阳区,分别增加了 1195 人/平方千米、1199 人/平方千米。而淮南市的人口密度整体呈下降趋势,由 2000 年的 972 人/平方千米减少到 2005 年的 912 人/平方千米,每平方千米减少了 60 人。从市辖区看,与合肥长丰县相邻的大通区与谢家集区的人口密度均有不同程度的减少,2005 年比 2000 年分别减少了 255 人/平方千米、636 人/平方千米。而另一个与长丰县相邻的田家庵区的人口密度增幅最大，变化量为 459 人/平方千米，亦是三个时间段增幅最大的。相比与合肥相邻的淮南市辖区，其他不相邻的区县八公山区、潘集区、凤台县的人口密度变化增幅较为平缓。

2005—2010 年，合淮有 8 个区县的人口密度呈下降趋势，合肥市辖区和淮南的谢家集区人口变化比较大，合肥市四个市辖区除庐阳区外人口密度均呈下降趋势，淮南市谢家集区人口密度下降幅度较大。其中，蜀山区、包河区、谢家集区均低于－750 人/平方千米，蜀山区的人口变化幅度最大，变化量为－1047 人/平方千米，包河区和谢家集区相对较小，分别为－760 人/平方千米，－829 人/平方千米。同时，合淮两市的其他区县均有不同程度的增长。2010 年合肥庐阳区人口密度超过 3000 人/平方千米，瑶海区、田家庵区、八公山区人口密度超过 1500 人/平方千米，而合肥周边的肥东县、肥西县、庐江县、巢湖市以及合淮交界处的长丰县和大通区人口密度仅为 400～500 人/平方千米。2007 年合肥市启动了北城新区的建设，肥东、肥西均属于国家重点发展区，且 2010 年合肥出台了房屋限购政策，房价上升迅猛，导致人口由中心市辖区趋向周边县市及向淮南市迁移流动。

2010—2015 年，合肥市人口密度整体上呈上升趋势，淮南市人口密度整体上呈缓慢上升趋势。从合肥、淮南两市人口密度的高值分布区域看，人口密度大的区县仍集中在合肥市辖区与淮南的田家庵区和八公山区，人口密度均超过 1300 人/平方千米。合肥蜀山区的人口密度下降趋势明显减缓，除蜀山区和肥东县人口密度减少外，合肥其他区县人口密度均呈上升状况。而淮南市的谢家集区、八公山区人口密度有所减少，变化量大于 260 人/平方千米。

从合淮两市 2000—2015 年三个时间段的人口密度变化看，人口密度高值区集中在两市的市辖区，其他区县人口分布较为稀疏，市辖区与各区县之间的人口密度空间差异较大，中心城市市辖区的人口密度大且远远高于其周围的区县，并趋向从市辖区向外围扩散的态势。

（二）郑开同城化地区人口空间分布模式

基于 ArcGIS 10.3 软件对郑州、开封 2000—2015 年人口密度进行空间自相关分析，结果见表 5－10。2000 年、2005 年郑开 Moran's I 为负值，2010 年、2015 年为正值，z 得分均处于[－1.65，1.65]，表明郑开同城化地区的人口空间分布呈现出高低间隔分布的状态，即表现出中心—外围的空间离散特征。尽管显著性不强，但从人口密度的时间变化上看，郑开同城化地区人口密度的区域差异逐渐缩小。从 Moran's I 变化量来看，2000—2005 年、2005—2010 年、2010—2015 年呈正负波动变化，分别为－0.002857、0.092712、0.011960，其中 2000—2005 年这个时间段的 Moran's I 值较小，表明这一时期郑开同城化地区的人口空间分布差异较大；2005—2010 年与 2010—2015 年两个时间段，Moran's I 值增幅较大，由 2000—2005 年的负值变为 2010—2015 年的正值，表明这两个时期郑开同城化地区的人口密度有相似的属性，其空间差异逐渐趋于减小，同城化趋势不断增强。

表 5-10 2000—2015 年郑开人口空间自相关分析结果

年份	2000	2005	2010	2015
Moran's *I*	−0.040012	−0.042869	0.049843	0.061803
z 得分	0.101568	0.071778	1.057330	1.435460
p 值	0.919100	0.942778	0.290361	0.151156

由 2000—2015 年郑开人口密度的空间分布可以发现(见表 5-11)，郑州市、开封市的人口均呈现向各自市辖区集聚的趋势，市辖区和其他区县人口密度均有不同程度的增加，且空间差异明显，而西部的上街区人口密度下降明显。从总体上来看，2000—2015 年的人口密度变化量幅度最大的是郑州市辖区，增幅均高于 650 人/平方千米，其中增幅最大的金水区甚至达到了 8230 人/平方千米，而上街区的人口密度的减幅低于－2000 人/平方千米。从郑州同城化发展的开封市来看，2000—2015 年，开封市市辖区的集聚性较为明显，除西部的祥符区外，其他的市辖区的人口密度均有不同程度的增加。从开封市的人口密度时空变化看，邻近郑州市与开封市的区县人口总量与密度均高于远离郑州市的区县。2000—2015 年，与郑州市相邻的开封尉氏县人口增幅为 68 人/平方千米；而远离郑州市的杞县、通许县、兰考县人口密度的变化量均为负值。

与整体人口密度变化相比，郑开各县市区 2000—2005 年、2005—2010 年、2010—2015 年三个时间段的人口密度变化的空间差异较大(见表 5-11)。2000—2005 年，郑开两市人口密度在市辖区集聚明显，出现负增长的共有 4 个区县，均属于郑开的不相邻地区，且各区县之间高低值差异较为明显。2000—2005 年，郑州市的人口密度从 894 人/平方千米增加到 962 人/平方千米，每平方千米增加了 68 人。除上街区人口密度呈负增长外，郑州市其他市辖区均呈现正增长，惠济区人口密度增幅相对较缓，其他四个辖区的增幅均超过 400 人/平方千米。与 2000 年相比，增幅最大的是管城区，达到了 1023 人/平方千米，与人口密度降幅最大的上街区之间相差 3505 人/平方千米。2000—2005 年，开封市总体人口密度增长较为平缓，由 2000 年的 726 人/平方千米上升到 731 人/平方千米，增长幅度仅为 5 人/平方千米。但市县区与区县空间差异明显，除了祥符区、杞县人口密度呈负增长外，其他区县人口均呈正增长。其中，市辖区顺河回族区、鼓楼区、禹王台区的人口增长都超过了 300 人/平方千米，通许县、尉氏县、兰考县的人口密度变化幅度均较小。

表 5-11　2000—2015 年郑开各区县人口空间变化

市区县		人口密度/(人/平方千米)				人口密度增减数/(人/平方千米)		
		2000	2005	2010	2015	2000—2005	2005—2010	2010—2015
郑州	中原区	2997	3523	4674	5123	526	1151	449
	二七区	3595	4013	4577	4914	418	564	337
	金水区	3626	4170	6614	11856	544	2444	5242
	惠济区	726	755	1320	1388	29	565	68
	上街区	4314	1832	2049	2114	−2482	217	65
	管城区	1757	2780	3192	3845	1023	412	653
	巩义市	747	765	776	792	18	11	16
	新郑市	698	707	871	1014	9	164	143
	登封市	499	528	549	569	29	21	20
	新密市	796	819	797	803	23	−22	6
	荥阳市	649	624	643	678	−25	19	35
	中牟县	475	483	522	750	8	39	228
郑州市		894	962	1163	1285	68	201	122
开封	祥符区	614	569	541	513	−45	−28	−28
	龙亭区	847	1054	1065	1195	207	11	130
	顺河回族区	2177	2503	2686	2742	326	183	56
	鼓楼区	2260	2711	2686	2569	451	−25	−117
	禹王台区	2130	2475	2293	2245	345	−182	−48
	杞县	823	802	769	724	−21	−33	−45
	通许县	720	750	741	687	30	−9	−54
	尉氏县	621	627	701	689	6	74	−12
	兰考县	656	666	607	567	10	−59	−40
开封市		726	731	726	705	5	−5	−21
郑开		826	864	967	1033	38	103	66

资料来源：根据河南省 2001—2016 年统计年鉴计算得到。

2005—2010 年，郑开各区县的人口密度差异进一步扩大，郑州市除了新密市人口密度呈负增长外，其他区县人口密度均呈正增长，总体增幅为 201 人/平方千米。其中，金水区、中原区人口密度增幅超过 1000 人/平方千米，分别为 2444 人/平方千米、1151 人/平方千米；惠济区、二七区、管城区人口密度的增幅处于第二梯队，分别为 565 人/平方千米、564 人/平方千米、412 人/平方千米；上街区、新郑市的人口密度增幅再次之，分别为 217 人/平方千米、164 人/平方千米；其他三县市的人口密度增幅均小于 50 人/平方千米。而同期开封市的人口密度呈负增长，与 2005 年相比，2010 年开封市的人口密度减少了 5 人/平方千米。各县市人口密度下降亦较为明显，除了市辖区龙亭区、顺河回族区和尉氏县的人口密度略有上升外，9 个区县中有 6 区县的人口密度呈负增长，降幅最大的禹王台区人口密度比 2005 年减少了 182 人/平方千米，这主要是因为城市化进程对人口迁移流动的影响。

相比于 2005—2010 年而言，2010—2015 年郑州各县市区人口密度整体上仍呈上升趋势，从郑州、开封两市人口密度的高值分布区域看，人口密度大的区县仍集中在郑州与开封的市辖区，区县差异仍较为明显。2015 年，除惠济区、上街区相对较低外，郑州的其他市辖区人口密度均超过 3800 人/平方千米，且金水区的变化量大于 5000 人/平方千米，其次是管城区与中原区，2015 年比 2010 年分别增加了 653 人/平方千米、449 人/平方千米。周边市县中人口密度最大的为新郑市，为 1014 人/平方千米，新密市、巩义市和中牟县均超过 750 人/平方千米。从人口变化量来看，相比 2005—2010 年，郑州市 2010—2015 年所有市区县人口密度均为正增长，而同期开封市仅有龙亭区和顺河回族区为正增长，其他区县的人口密度均为负增长，这也从另一个侧面说明了 2010—2015 年郑开同城化趋势逐渐加强，并对开封市的人口时空迁移与分布产生了一定的影响。

三、中心—外围“钟摆”模式

由南昌、九江 2000—2015 年人口密度空间自相关分析结果可知（见表 5-12），2000—2015 年昌九 Moran's I 值逐渐趋向于零，且 z 得分均处于[−1.65,1.65]，表明昌九同城化地区的人口空间分布有一定的相关性，但相关性较低，呈随机分布的状态，这里将昌九同城化地区具有相关性但高低不规律分布的人口空间分布状态近似于人口迁移流动过程中的“钟摆”模式。尽管显著性不强，但从昌九同城化地区人口密度的时间变化上看，昌九同城化地区人口密度的区域差异逐渐缩小。从 Moran's I 变化量来看，2000—2015 年呈正负波动变化，分别为 0.02246、0.011239、0.003620、0.005965，其中，2010—2015 年这个时间段的 Moran's I 值接近于零，表明这一时期昌九同城化地区的人口空间来回随机“钟摆”流动更为频繁，其空间差异逐渐趋于减小，同城化趋势不断增强。

表 5 - 12　2000—2015 年昌九人口空间自相关分析结果

年份	2000	2005	2010	2015
Moran's I	0.022462	0.011239	0.003620	0.005965
z 得分	1.115756	0.887122	0.783807	0.791975
p 值	0.264527	0.375013	0.433153	0.428375

相对其他几个同城化地区而言，2000—2015 年昌九同城化地区的人口空间分布较为分散，中心城市的人口集聚性不够强，梯度差异明显。尽管人口密度最大的地方仍集中在两市的市中心，但南昌市辖区的人口空间分布形成了 4 个梯度差异。整体而言，南昌市辖区东湖区、西湖区的人口密度大幅减少，其他市辖区呈波动变化；九江市辖区人口集聚性明显增加，其他区县的人口密度均有不同程度的增加。

根据 2000—2015 昌九同城化地区人口密度的变化过程可知，两市区域内的总人口密度呈增长状态(见表 5 - 13)，昌九同城化地区的平均人口密度增幅较为平缓，与 2000 年相比，昌九同城化地区的平均人口密度仅增加 45 人/平方千米。2005—2010 年增幅最大，每平方千米增加了 24 人；2000—2005 年、2010—2015 年增长幅度分别为 10 人/平方千米、11 人/平方千米。2000 年南昌市的平均人口密度为 582 人/平方千米，2015 年上升到 706 人/平方千米，每平方千米增加了 124 人；但增长速度有所波动，2005—2010 年增长幅度最大，达 75 人/平方千米，2000—2005 年、2010—2015 年增长幅度分别为 26 人/平方千米、23 人/平方千米。九江市平均人口密度增幅较为平缓，2015 年比 2000 年每平方千米仅增加 22 人。

表 5 - 13　2000—2015 年昌九各区县人口空间变化

市区县		人口密度/(人/平方千米)				人口密度增减数/(人/平方千米)		
		2000	2005	2010	2015	2000—2005	2005—2010	2010—2015
南昌	东湖区	22063	15817	15550	13895	−6246	−267	−1655
	西湖区	16252	12615	12199	12216	−3637	−416	17
	青云谱区	6798	8087	6550	8243	1289	−1537	1693
	青山湖区	3079	2178	2586	2718	−901	408	132
	湾里区	240	318	255	261	78	−63	6
	新建区	274	289	301	315	15	12	14
	南昌县	510	545	593	574	35	48	−19
	进贤县	352	389	419	369	37	30	−50
	安义县	336	381	421	286	45	40	−135
南昌市		582	608	683	706	26	75	23

续表

市区县		人口密度/(人/平方千米)				人口密度增减数/(人/平方千米)		
		2000	2005	2010	2015	2000—2005	2005—2010	2010—2015
九江	浔阳区	4193	6004	6050	6326	1811	46	276
	庐山区	404	503	551	657	99	48	106
	瑞昌市	280	296	314	323	16	18	9
	九江县	403	389	356	366	−14	−33	10
	武宁县	98	100	108	115	2	8	7
	修水县	166	164	181	189	−2	17	8
	永修县	173	180	188	205	7	8	17
	德安县	212	181	192	204	−31	11	12
	星子县	308	270	362	453	−38	92	91
	都昌县	338	368	411	412	30	43	1
	湖口县	390	408	436	448	18	28	12
	彭泽县	221	228	245	266	7	17	21
九江市		237	248	251	259	11	3	8
昌九		334	344	368	379	10	24	11

资料来源:根据江西省 2001—2016 年统计年鉴计算得到。

与全域范围的人口密度变化相比,昌九各县市区因行政区划的调整变迁,2000—2005 年、2005—2010 年、2010—2015 年三个时间段的人口密度的空间变化差异较大。2000—2005 年,昌九同城化地区的人口密度从 334 人/平方千米增加到 344 人/平方千米,人口密度变化量为 10 人/平方千米,南昌市的人口密度从 582 人/平方千米增加到 608 人/平方千米,每平方千米增加 26 人。因 2000—2005 年东湖区、西湖区、青山湖区行政区划的调整较大,与 2000 年相比,三个市辖区的人口密度降幅较大,每平方千米分别减少了 6246 人、3637 人、901 人。其他区县的人口密度均呈正增长,增幅最大的是湾里区,2000—2005 年增加了 78 人/平方千米。而九江市辖区的人口密度增幅较大,浔阳区由 2000 年的 4193 人/平方千米增加到 2005 年的 6004 人/平方千米,每平方千米增加了 1811 人;除与市辖区相邻的九江县、星子县、德安县、修水县人口密度呈负增长外,其他区县的人口密度均有不同程度的增加。

2005—2010 年,昌九同城化地区人口密度是三个时间段增幅最大的,各区县的人口密度变化仍表现为南昌市中心辖区的递减,其他区县的平缓增长。其中,市辖区东湖区、西湖区、青云谱区、湾里区呈负增长,青云谱区人口密度降幅超过

1500 人/平方千米，东湖区、西湖区相对 2000—2005 年降幅有所减少，每平方千米分别减少了 267 人/平方千米、416 人/平方千米，湾里区的人口密度有小幅降低，每平方千米减少了 63 人/平方千米。青山湖区的人口密度增幅最大，每平方千米增加了 408 人/平方千米，其他三县市的人口密度增幅均小于 50 人/平方千米。而同期九江市除了与市辖区相邻的九江县的人口密度呈负增长外，其他区县均呈不同程度的增加。

与 2005—2010 年相比，2010—2015 年南昌、九江两市人口密度的增长幅度较为平缓，高值分布区域仍集中在市辖区，但区县差异仍较为明显。南昌市辖区东湖区人口密度降幅最大，比 2010 年减少了 1655 人/平方千米，这主要与行政区划调整有一定的关系，东湖区 1997—2014 年管辖的街道不断减少，由原来的 14 个街道到 2014 年仅有 9 个街道。西湖区也由 2000 年的 13 个街道变为 2014 年的 10 个街道，与 2005—2010 相比，2010—2015 年西湖区的人口密度尽管呈正增长，但增幅较小，仅增加了 17 人/平方千米。周围县域安义县、南昌县、进贤县的人口密度亦呈负增长，分别－135 人/平方千米、－19 人/平方千米、－50 人/平方千米。其他区县的人口密度均呈增加趋势，其中，作为南昌市的“银三心”的繁荣板块之一的青云谱区的变化量大于 1600 人/平方千米，然后是青山湖区，2015 年比 2010 年增加了 132 人/平方千米。相比 2005—2010 年，九江市 2010—2015 年所有市区县人口密度均为正增长，市辖区人口密度增幅仍最为明显，这主要源于周围县市的人口趋向于往市中心迁移。南昌市辖区青云谱区和九江市辖区浔阳区的人口密度的增加，一定程度上体现了昌九人口往市域中心聚集的趋势，但南昌市辖区人口密度的层级梯度差异表明人口空间迁移流动的“来回”不规律性。

第三节　本章小结

由于各个同城化区域中心城市与周边城市经济发展水平的差异及其同城化程度的不同，同城化“力场”下形成的人口空间动态的空间响应与表现形式也不一样。根据中心城市的集聚与辐射能力以及中心城市与周边城市的同城化度，人口空间动态过程在同城化中心城市与周边城市的利益博弈中表现为不均匀性与均衡变动性，其模式主要围绕“中心—外围”表现为外围—中心集聚模式、中心—外围扩散模式、中心—外围“钟摆”模式等，在空间上呈现出向心型、离心型与平衡型等空间表征。

本章通过对长株潭、汉孝、太榆、合淮、郑开、昌九等 6 个同城化地区 2000 年、2005 年、2010 年、2015 年四个时间截面人口密度的空间自相关分析得出，长株潭、汉孝、太榆 3 个同城化地区的 Moran's *I* 指数为正值，运行结果的显著性水平很高，表明人口分布具有明显的正相关，在空间上呈现周边城市向中心城市集聚的现象，分布模式属于外围—中心聚集型，而且聚集程度越来越高。合淮、郑开2个同城化地区的Moran's I 均为负值，z 得分均处于[−1.65,1.65]，表明人口密度区域之间的差异较大，人口空间分布呈现出高低间隔分布的状态，即表现出中心—外围的空间离散特征。2000—2015年昌九Moran's I 值逐渐趋向于零，且 z 得分均处于[−1.65,1.65]，表明昌九同城化地区的人口空间分布有一定的相关性，但相关性较低，呈随机分布的状态，本研究认为昌九同城化地区具有相关性但高低不规律的人口空间分布状态近似于人口迁移流动过程中的"钟摆"模式。

第六章

同城化视域下人口空间动态与区域经济发展的互动影响与耦合关联

人口空间动态与区域经济发展是人口与经济在时空角度下的两个概念。人口包括数量、自然增长、就业结构、密度等要素，在不同空间随时间变化会影响到区域经济的活力、承载力、生产效率等。而经济所包含的经济总量、产业结构、经济活力、经济外向度等要素在空间上的差异同样会影响人口和劳动力的空间流动，进而导致区域间人口结构、生活水平的地域差异（赵东栋，2015）。同城化过程中，由于政策引导、市场主导等因素，人口空间动态与区域经济发展相互作用及影响会产生一系列新的特征。

第一节　同城化发展对人口空间分布与迁移流动的影响

一、同城化趋势下城市空间结构演变对人口空间分布的影响

同城化发展过程中，空间是经济社会发展的重要载体。在同城化之前，行政边界成为区域发展的障碍，导致边界区域发展受限，多成为区域经济低谷区。而同城化发展战略，突破行政界限的制约，使得边界区域成为发展潜力最大、最为活跃的地区。以长株潭地区为例，改革开放以来，长沙市、株洲市以蔓延式和轴向式空间扩张为主，湘潭市以蔓延式空间扩张为主，三市主城区的城区面积从 1978 年的 53 平方千米增加到 2015 年的 514 平方千米[①]（见图 6 - 1），城市空间结构向心集聚性更为凸显。与城市空间结构变化类似，从 2000 年、2005 年、2010 年、2015 年四个时间截面的长株潭人口密度可以看出，长沙市临近株洲、湘潭的区县人口总

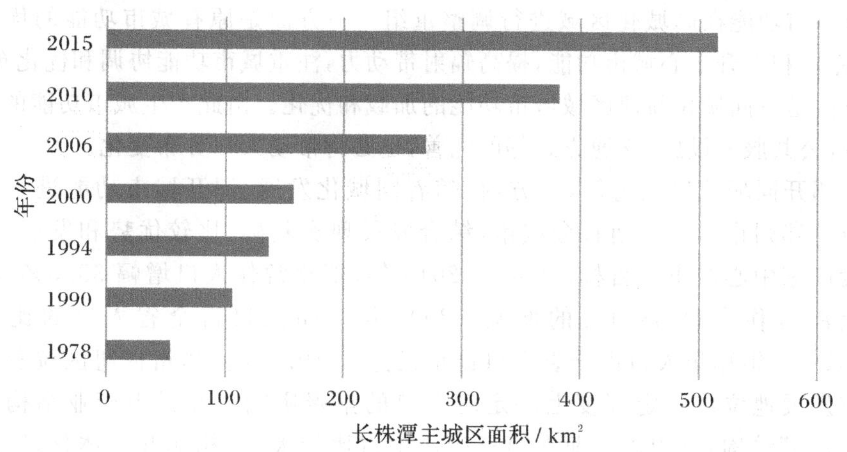

图 6 - 1　1978—2015 年长株潭主城区面积变化

① 长株潭主城区面积 37 年增长近 9 倍[N]. 三湘都市报，2016 - 06 - 23.

量和密度均较大，人口由外围向该区域集聚，且 2000—2015 年集聚度越来越高，人口空间集聚奠定了同城化发展的基础。

同城化在推动城市外部空间跨行政边界集聚发展外，还形成了一些特殊的发展轴线，即城际交通廊道。从国外大都市连绵区、国内长三角城市群、珠三角城市群、京津冀城市群及其内部发展相对成熟的同城化区域发展经验可以看出，同城化区域之间的城际交通廊道发展速度明显快于其他方向，具有较高的导向性和发展潜力。城际交通廊道是同城化发展的重要轴线，同城化区域借助城际交通廊道轴向扩展，实现空间形态上的一体化发展，从而促进交通沿线人口的集聚。如郑开同城化区域依托郑开大道、轻轨（预留）和其他交通构成的交通廊道，按照带状组团空间发展结构，逐步发展成为一条集聚高新技术产业、现代制造业和现代服务业的现代化产业带、人口集聚带。

同城化发展早期阶段，城市内部空间结构仍以单中心为主，如长株潭同城化区域中的长沙仍是经济、人口集聚力最强的核心，具有核心辐射带动力。根据城市群、大都市区发展历程，未来随着同城化人口、经济规模的进一步增强，为避免单中心“摊大饼”式蔓延发展，同城化地区应立足区域协同发展，结合城市功能定位，逐步演变为多中心组团化空间结构，形成不同的人口集聚组团。

二、同城化趋势下城市功能重组对人口空间分布的影响

根据城市发展定位，不同城市功能区集聚人口的能力各不相同。随着同城化发展，同城化区域在产业发展、基础设施建设、环境保护等方面合作不断加强，必然需要对城市功能在同城化区域进行调整重组。一方面是原有城市功能的优化调整，要完善和提升中心城市功能，提高辐射带动力，注重城市功能协调和优化布局；另一方面是对同城化新建区域城市功能的加载和优化。由此产生城市功能的集聚和疏解，公共服务设施、交通方式等的完善，也必将带动人口分布变化。

以郑开同城化区域为例，一方面，随着同城化发展，郑开城市功能进一步优化错位。郑州市作为河南省会城市，结合发展现实基础、比较优势和发展潜力，以建设国家中心城市为目标。2000—2015 年，郑州常住人口增幅 33.3%，高于同期上海常住人口 33.1%的增幅。2000 年郑州人口占全省人口的比重为 7.3%，2015 年郑州人口占全省人口比重已达到 10.1%。郑州枢纽区位及其核心城市发展地位在一定程度上决定对人口的集聚影响。开封市产业结构呈现“二、三、一”结构，其中旅游业在第三产业中占比较大，依托郑开一体化发展，开封市应主要发挥文化、旅游等资源优势，建设文化旅游城市。中心城区主要以“一带两廊”为城市功能发展轴线，集聚居、生态、旅游、休闲、教育、文化等功能，从而对居民居住产生更强烈的吸引力，最终也将发展成为城市人口集中区域，形成人口集聚轴。

另一方面，郑开同城化区域以郑开大道、轻轨（预留）、快速路和其他交通通道所构成的交通轴为依托，由西向东规划布局白沙、官渡和汴西新区3大组团。其中，白沙组团紧邻郑东新区CBD和龙子湖高校区，重点布局职业教育、现代服务和高新技术产业；官渡组团重点布局科技研发、现代制造业、农产品精深加工、现代商贸和文化旅游服务业；汴西新区组团为综合性新城区，重点发展金融商贸、休闲娱乐、行政办公、商住等产业。依托同城化发展，郑州与开封之间将形成一座“新城”。

三、同城化趋势下产业结构升级对人口空间分布的影响

经济联系是区域协同发展的基础和动力来源，同城化发展带动经济产业发展，对周边地区的辐射和影响力逐步增强。对于同城化区域，产业结构互补是同城化推进的基础，而产业分工与协作则是同城化推进的主要方向（邢铭，2011）。人口配置与产业结构是相适应的，随着同城化发展，产业结构优化发展必然带动相应的人口空间变化，一方面产业调整促进城乡人口布局，另一方面城市内部产业优化带动人口随不同产业集聚。

从产业结构对人口城乡分布影响看，2006年长沙三次产业比重为6.9∶43.3∶49.8，2018年三次产业比重为3.8∶52.3∶43.9。随着长株潭“二、三、一”产业结构的调整，以及“兴工强市”战略的实施，工业成为国民经济发展的主导产业，人口城乡布局将进一步变化，主要分布在农村的农业比重持续下降，压缩农村人口就业空间，导致农业人口流向城市以寻求工作机会；主要分布在城市核心区的服务业规模比重持续上升，产业园区和开发区在城市郊区进一步集中，提高了城市就业机会，引导就业人口向城市集聚（周海生 等，2013）。由此，产业结构调整将会带动城市化率的提升，2005年长沙城市化率为56.50%，2015年增长至73.41%，增幅达16.91%，较高的城市化率仍将继续吸引周边人口向城市集聚。

从产业结构对城市内部人口布局影响看，2006年为郑开同城化开局第一年，郑州GDP总量为2007.8亿元，三次产业结构比重为3.98∶43.38∶52.64，产业结构为“二、三、一”，其中第二产业内部纺织、食品加工所占比重约达40%。这些产业多为劳动密集型产业，一般布局在城市外围，因此在城市外围产业区会集聚大量就业人口。至2018年，郑州产业结构不断优化，第二产业内部逐步优化并向现代制造业发展，第三产业比重逐步上升，商贸服务业吸纳就业比重增大。根据地租理论，技术、知识密集型的产业，如金融、保险、房地产、教育、医疗、信息、高科技等产业，大量集中在同城化核心区域，该区域也将成为技术型人才集聚区（孙铁山 等，2012）。

第二节　人口空间动态对同城化区域经济发展的响应

一、同城化区域人口规模扩大刺激区域经济发展

一个地区的人口空间分布，受人口自然增长差异的影响相对较小，受人口空间迁移流动的影响更大，这主要与区域的经济发达程度紧密相关。经济发展水平决定了人口的空间集聚程度，经济空间集聚程度影响人口集聚空间的拓展，主要表现为人口的迁移流动有明显的经济趋向性，经济越集聚越发达的地区，人口聚集越强。随着同城化的纵深发展，人口、资源、信息、物流等经济要素的流动往来更为频繁，作为经济要素的载体，人口的集聚性亦不断增强。从总量上看，2006—2015 年长株潭、汉孝、昌九等 6 个同城化区域常住人口整体上均处于增长趋势（见图 6-2），其中长株潭同城化区域人口集聚度最高，2015 年常住人口达 1425.6 万人，年均增长率达 1.03％；其次是武汉同城化地区，2015 年常住人口达 1548.6 万人，2006—2015 年年均增长率为 1.61％；人口集聚性位于第三的是郑开同城化地区，2015 年常住人口达 1411.2 万人，相比 2006 年增加了 217.6 万人。因太榆统计的是太原市和榆次区，常住人口总量上相对较少，但 2006—2015 年常住人口增加了 111.7 万人，年均增长率达 1.77％。此外，昌九、合淮同城化地区常住人口总量也近 1000 万人。

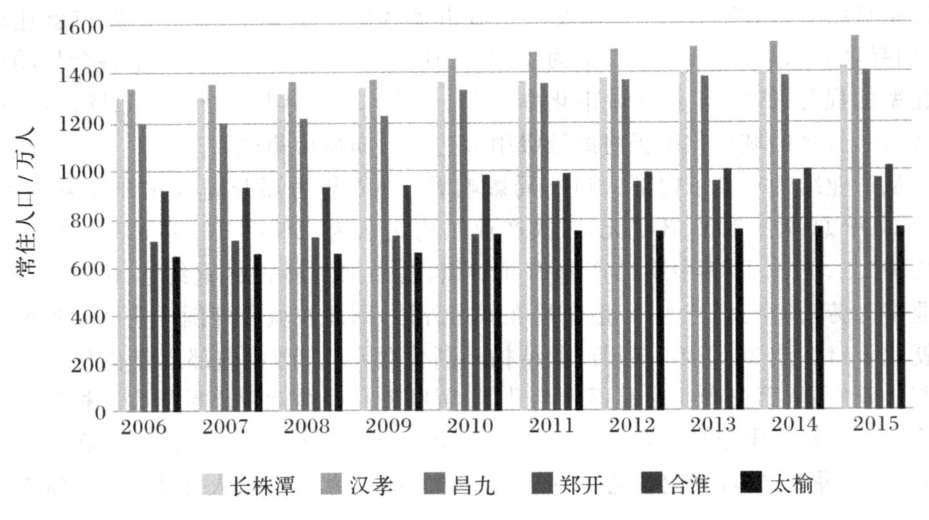

图 6-2　2006—2015 年中部城市群同城化地区常住人口变化

丰富的劳动力资源是经济发展的基础。同城化区域人口规模的增长为区域经济发展奠定了坚实的基础,一方面提供足够的劳动力来源,劳动力供给状况直接影响经济发展水平和产业结构;另一方面大规模人口集聚带动同城化区域基础设施建设加快,文化、教育、医疗卫生等配套设施不断完善提升,零售商业规模不断增加,最终拉动投资和消费,从而刺激区域经济的快速发展。从2006—2015年中部新兴城市群6个同城化地区的GDP增长情况看(见图6-3),其增幅与人口的集聚趋势基本一致,年均增长率均超过10个百分点,其中长株潭地区、合淮地区的GDP年均增长率超过18个百分点,分别为18.05%和18.23%;然后是汉孝同城化地区,GDP年均增长率为17.06%。GDP总量最大的仍为长株潭地区,2015年GDP总量达12548.34亿元,比2006年增加了3.45倍;中心城市长沙人均GDP的增长最快,年均增长率达18.00%(见图6-4),与常住人口集聚均呈增长趋势。然后是汉孝同城化地区,2015年GDP总量为12362.8亿元,比2006年增加了9368.6亿元;与2006年相比,2015年郑开同城化地区GDP总量达8878.71亿元;因统计区域有差异,2015年太榆地区GDP总量仅为2944.13亿元,但2006—2015年GDP呈增加趋势,年均增长率为11.67%。

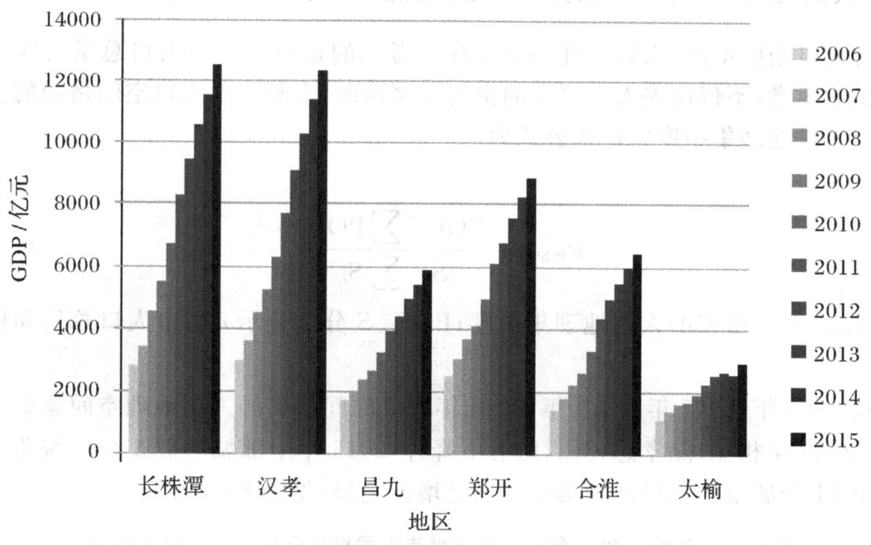

图6-3 2006—2015年中部城市群同城化地区GDP变化

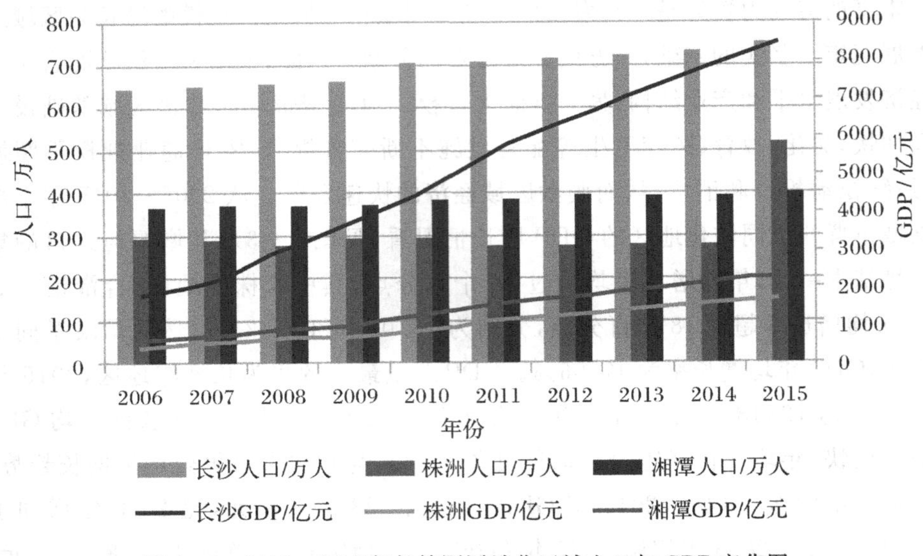

图 6-4 2006—2015 年长株潭同城化区域人口与 GDP 变化图

二、同城化区域人口集聚对经济地理空间集聚的响应

与人口密度不同，人口地理集中度综合考虑的是更大区域人口总量与区域国土面积的因素，不仅反映人口要素的空间集聚情况，亦是衡量人口空间格局的有效指标。人口地理集中度的计算公式为

$$R_{\mathrm{POP}_i}=\frac{\mathrm{POP}_i/\sum \mathrm{POP}_i}{S_i/\sum S_i} \qquad (6-1)$$

其中，R_{POP_i} 指 i 城市的人口地理集中度；POP_i、S_i 分别表示 i 城市人口总量和国土面积。

从 2000 年、2005 年、2010 年、2015 年四个时间截面的人口地理空间集聚程度看，与 2000 年相比，除孝感、开封略有下降外，2015 年中部城市群 6 个同城化区域的其余 11 个城市的人口地理集中度均呈增强趋势（见表 6-1）。

表 6-1 2000—2015 年中部新兴城市群同城化区域人口地理集中度

城市	2000 年	2005 年	2010 年	2015 年
长沙	0.0496	0.0525	0.0596	0.0629
株洲	0.0330	0.0335	0.0343	0.0354
湘潭	0.0558	0.0580	0.0544	0.0564

续表

城市	2000 年	2005 年	2010 年	2015 年
武汉	0.0885	0.1011	0.1152	0.1238
孝感	0.0561	0.0528	0.0540	0.0547
郑州	0.0843	0.0961	0.1163	0.1285
开封	0.0726	0.0731	0.0726	0.0705
合肥	0.0603	0.0404	0.0433	0.0691
淮南	0.0972	0.0912	0.0874	0.1212
南昌	0.0582	0.0608	0.0683	0.0706
九江	0.0237	0.0248	0.0251	0.0259
太原	0.0443	0.0487	0.0602	0.0621
榆次	0.0184	0.0187	0.0198	0.0202

资料来源：根据湖南、湖北、江西、安徽、山西、河南六省 2001 年、2006 年、2011 年、2016 年统计年鉴计算整理得到。

总体而言，除合肥的人口集中度在 2005—2010 年有所下降外，其他中心城市的人口集聚性均呈持续增强趋势（见图 6－5），其中，2015 年武汉、郑州的人口地理集中度最强，分别从 2000 年的 0.0885、0.0843 增加到 2015 年的 0.1238、0.1285，分别比 2000 年增加了 0.0353、0.0442。同时，其他 4 个城市的人口地理集中度均

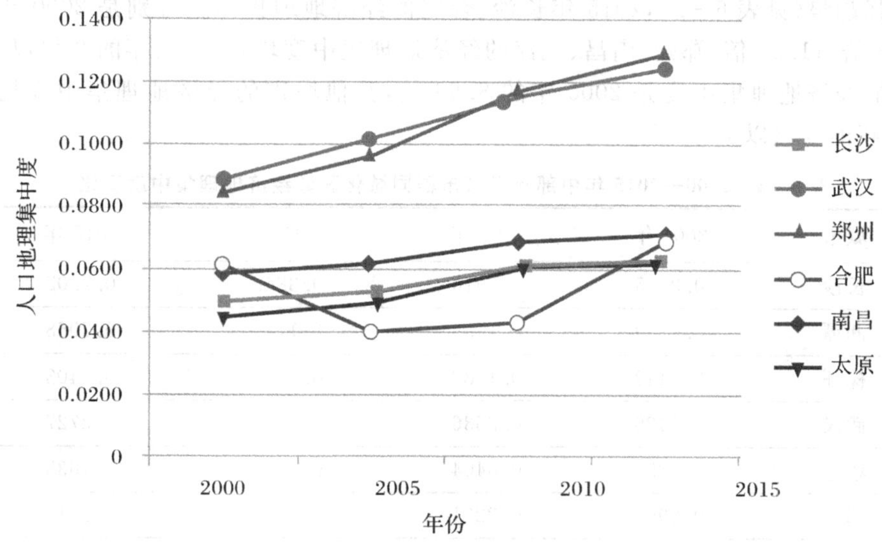

图 6－5　2000—2015 年中部同城化区域中心城市的人口地理集中度变化

超过 0.06。相比中心城市而言，除淮南外，其他同城化相邻城市的人口地理集中度均低于 0.08(见图 6-6)；2015 年，除孝感和开封的人口地理集中度比 2000 年略有下降外，其他城市均呈增强趋势。

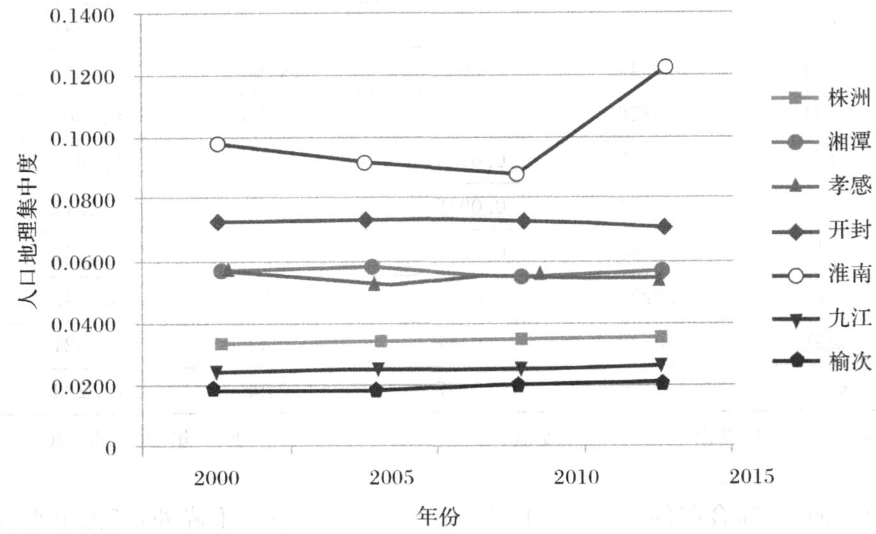

图 6-6　2000—2015 年中部同城化区域周边相邻城市的人口地理集中度变化

与人口地理集中度类似，2000—2015 年中部城市群区域的经济地理集中度亦呈增强趋势(见表 6-2)，2015 年长沙、合肥的经济地理集中度分别是 2000 年的 12.98 倍、11.23 倍，郑州、南昌、九江的经济地理集中度均是 2000 年的 9 倍以上，武汉的经济地理集中度是 2000 年的 8.93 倍，其他城市的经济地理集中度均是 2000 年的 5 倍以上。

表 6-2　2000—2015 年中部新兴城市群同城化区域经济地理集中度变化

城市	2000 年	2005 年	2010 年	2015 年
长沙	0.0555	0.2916	0.3848	0.7202
湘潭	0.0259	0.1138	0.1133	0.2068
株洲	0.0449	0.1788	0.1767	0.3403
武汉	0.1425	0.2636	0.6552	1.2727
孝感	0.0295	0.0404	0.0899	0.1635
郑州	0.0991	0.2231	0.5426	0.9818
开封	0.0351	0.0633	0.1444	0.2490
合肥	0.0447	0.0757	0.2363	0.5019

续表

城市	2000 年	2005 年	2010 年	2015 年
淮南	0.0594	0.1020	0.2165	0.3183
太原	0.0498	0.1278	0.2545	0.3932
榆次	0.0084	0.0202	0.0464	0.0635
南昌	0.0585	0.1357	0.2983	0.5323
九江	0.0113	0.0228	0.0547	0.1021

资料来源：根据湖南、湖北、江西、安徽、山西、河南六省 2001 年、2006 年、2011 年、2016 年统计年鉴计算整理得到。

2000—2015 年，中心城市的经济地理集中度均呈明显增长趋势，2015 年武汉、郑州的经济地理集中度最强，分别为 1.2727、0.9818(见图 6－7)，分别比 2000 年增加了 1.1302、0.8827，与同期的人口地理集中度一致，均为集聚性最强的地区。与中心城市相比，同城化的周边相邻城市的经济地理集中度指数相对较低，2015 年，中心城市的经济地理集中度均在 0.39 以上，而同城化相邻城市的经济地理集中度绝对值均相对较小，均小于 0.35。2015 年同城化相邻城市经济地理集中度最大的株洲仅为 0.3403，比同期经济地理集中度最低的中心城市太原低 0.0529，比同期经济地理集中度最高的武汉低了 0.9324。总体而言，除 2005—2010 年同城化相邻城市湘潭、株洲的经济地理集中度略有降低外(见图 6－8)，其他城市的经济地理集中度均呈增强趋势，基本与同期的人口地理集中度趋势类似。

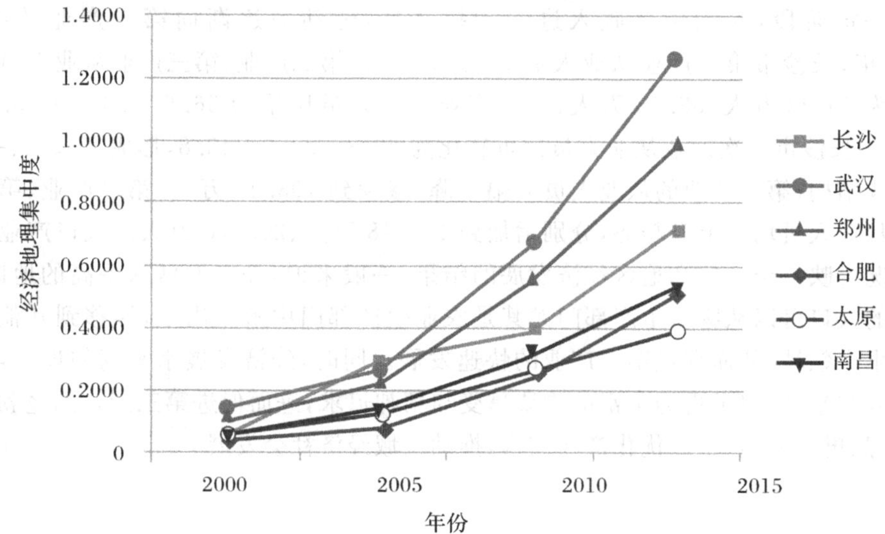

图 6－7　2000—2015 年中部同城化区域中心城市的经济地理集中度变化

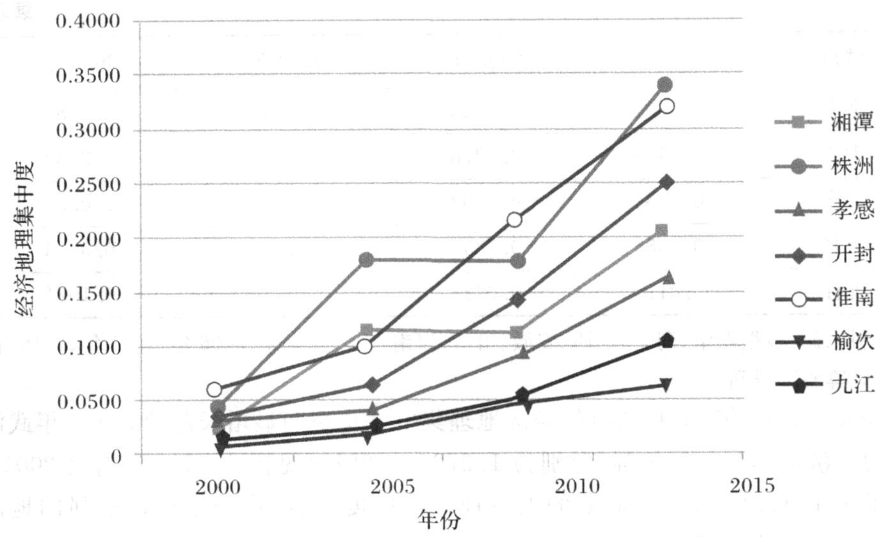

图 6-8　2000—2015 年中部同城化区域周边相邻城市的经济地理集中度变化

三、同城化区域人口产业结构优化推动经济社会发展

人口结构通过影响消费需求结构和劳动力素质决定了各行业的规模、效率和质量，从而作用于产业结构。根据配第-克拉克定理，在区域经济发展过程中，随着人均国民收入水平的提高，劳动力首先从第一产业向第二产业转移，当经济发展到一定阶段，人均国民收入进一步提高后，劳动力逐渐向第三产业转移。1990 年，长沙市第一产业从业人员 170.17 万人，第二产业、第三产业从业人员仅分别为 70.23 万人、58.68 万人，三次产业从业人员比重为 56.9∶23.5∶19.6。2015 年长沙市三次产业从业人员比重转化为 22.3∶33.9∶43.8，形成“三、二、一”的就业结构；第一产业的从业人员大幅下降，减少到 103.46 万人，第二产业、第三产业从业人员均呈上升趋势，分别增加到 157.18 万人、202.70 万人。人口产业结构情况反映一个国家和地区经济发展的结果，一般来说，经济发展水平高的地区，大量的人口可以从物质生产部门尤其是农业生产部门中解放出来，转移到其他非物质生产领域，从而促进第二产业的快速发展。同时，经济发展水平高的地区，人们收入水平高，追求更为丰富的物质享受与精神追求，进而促进第三产业的蓬勃发展（陈慧琳，2013），不断优化产业结构，推动区域经济社会发展。

第三节　人口空间动态与区域经济发展耦合关联模型的构建

一、研究对象

研究中部地区同城化区域人口与经济的动态发展关系，必须选取中部地区发展活跃、基础相对较好的区域。本研究以中部地区太榆、合淮、郑开、昌九、汉孝、长株潭等 6 个新型城市群同城化区域为研究对象，将人口空间动态和区域经济发展作为两个系统，研究各要素耦合关联产生的相互作用和影响程度，即人口-经济系统耦合关联度。考虑研究实际及数据获取情况，本研究采用 2006—2015 年太榆、合淮、郑开、昌九、汉孝、长株潭等 6 个同城化区域相关数据，数据主要来源于各省市统计年鉴，部分数据通过政府网站与公开出版物获取，少部分缺失数据参考各省市同时期统计年鉴。

二、指标体系的建立

（一）指标体系的建立

本研究从同城化区域人口空间动态与经济增长关系的角度出发，按照科学性、系统性、层次性、可量化、可获得性的原则，构建人口空间动态和区域经济发展两大指标体系（见表 6-3）。

经济发展系统指标包括经济水平、经济结构、经济活力 3 项一级指标，包括 GDP 总量、人均 GDP、城镇化率、全社会固定资产总额、三产比重、经济联系度、经济密度等 12 个二级指标。

人口动态系统指标包括人口数量和人口分布 2 项一级指标，包括年末常住人口总量、户籍人口量、人口自然增长率、城镇人口量、人口密度等 5 个二级指标。其中，年末常住人口总量、户籍人口量、人口自然增长率、城镇人口量是反映人口自然增长与机械增长（迁移增长）的重要指标，人口密度反映人口的空间分布与集聚性。

表 6-3　人口-经济系统耦合关联指标体系

指标系统	一级指标	二级指标
人口动态系统（5 项指标）	人口数量（3 项指标）	年末常住人口总量
		户籍人口量
		人口自然增长率
	人口分布（2 项指标）	城镇人口量
		人口密度

续表

指标系统	一级指标	二级指标
经济发展系统（12 项指标）	经济水平（4 项指标）	GDP 总量
		人均 GDP
		全社会固定资产总额
		城镇化率
	经济结构（3 项指标）	第一产业比重
		第二产业比重
		第三产业比重
	经济活力（5 项指标）	实际利用外资总额
		外贸进出口总额
		外贸依存度
		经济联系度
		经济密度

（二）数据标准化处理

（1）确定分析序列。本研究确定人口空间动态序列 X_i 与区域经济发展序列 Y_j。

（2）原始数据处理。由于大部分指标数据的尺度不一样，因此数值差距可能非常大。为了使原始数据有一个可比较的尺度，必须对原始数据进行无量纲化处理，即标准化处理。

$$\overline{X_i} = \frac{X_i - X_{\min}}{X_{\max} - X_{\min}}, \overline{Y_i} = \frac{Y_i - Y_{\min}}{Y_{\max} - Y_{\min}} \tag{6-2}$$

其中，$\overline{X_i}$、$\overline{Y_i}$为人口空间动态和区域经济发展序列中第 i 项指标标准化值；X_i、Y_i为原始数据；$X_{\min}$和 $Y_{\min}$、$X_{\max}$和 $Y_{\max}$分别为第 i 项指标的最大值和最小值。

为满足取对数的需要，对标准化处理的指标全部向右平移，得到新矩阵，即 $X'_i = X_i + 10, Y'_i = Y_i + 10$。

（三）指标权重的确定

根据熵权系数法，该系统第 j 个指标对应的熵值 E_j 为

$$E_j = -K\sum_{i=1}^{n}(P_j \times \ln P_i) \tag{6-3}$$

其中，$K = \frac{1}{\ln m}, P_i = \frac{\overline{X_i}}{\sum_{i=1}^{n}\overline{X_i}}$ 或 $P_i = \frac{\overline{Y_i}}{\sum_{i=1}^{n}\overline{Y_i}}$，$i=1,2,\cdots,n;j=1,2,\cdots,m$。

熵权的计算公式为

$$W_j = \frac{1 - E_j}{m - \sum_{i=1}^{m} E_j} \tag{6-4}$$

（四）人口动态发展和经济发展综合评价

人口动态发展水平评价指数为

$$U_p = \sum_{j=1}^{m} W_j \times X_j \tag{6-5}$$

经济发展水平评价指数为

$$U_g = \sum_{j=1}^{m} W_j \times X_j \tag{6-6}$$

城市 i 人口动态发展和经济发展综合评价函数为

$$F_i = aU_p + bU_g \tag{6-7}$$

其中，a、b 为待定系数，考虑本研究着眼同城化人口、经济相互影响，故选取相同待定系数，即 $a=b=1$。

（五）同城化区域人口动态发展和经济发展综合评价

同城化区域发展是同城化各城市共同作用的结果，因此同城化区域人口动态发展和经济发展综合评价应综合考虑各城市发展因素，其综合评价函数应是各个城市函数的综合。

三、耦合协调度的研究方法

（一）人口与经济发展耦合度模型

耦合关系原为物理学中的概念，表示两个及两个以上系统紧密联系相互影响的作用关系（朱江丽 等，2015）。同城化区域人口-经济耦合度指人口动态变化与经济发展之间相互作用、相互影响的程度，其大小反映人口与经济两系统之间协调发展的程度。

人口与经济发展的耦合度函数为

$$C = \{(U_p + U_g) \mid (U_p + U_g) \times (U_p + U_g)\}^{1/2} \tag{6-8}$$

其中，C 表示人口动态与经济发展之间的耦合度，其值在 0～1 之间，其数值越大，表明人口动态与经济发展之间耦合度越好，系统之间紧密度、配合度越好；U_p 为人口动态发展指标；U_g 为经济发展水平指标。

（二）人口与经济发展耦合协调度模型

耦合度函数虽然能一定程度上表达人口与经济系统之间协调发展程度，但有时难以真实表达实际水平和状态，尤其当人口、经济系统发展水平相当且均处于较低水平时，也可能表现出较高的耦合度。因此，为真实反映同城化区域人口动态变化与经济发展的关系，本研究引入耦合协调度的概念，对同城化区域人口-经济系统进行分析，其公式为

$$D = (K \times C \times T)^{\alpha} \tag{6-9}$$

其中，D 为耦合协调度；C 为耦合度；K 为协调系数，为便于计算，一般取 1；α 为耦合协调度指数，一般取 0.5；T 为人口动态发展与经济发展水平的综合发展指数，衡量两者的整体水平，其公式为

$$T = \theta U_p + \gamma U_g \tag{6-10}$$

其中，θ、γ 为待定系数，表示子系统在整个系统中所占的比重，考虑人口和经济系统具有同等重要的作用，故均取为 0.5。

另外，一般耦合协调度分为低度耦合阶段（$D \leqslant 0.3$）、一般耦合阶段（$0.3 < D \leqslant 0.8$）和高度耦合阶段（$D > 0.8$）。

第四节 人口空间动态与区域经济发展耦合分析

一、人口空间动态与区域经济发展特征

根据公式（6－2）至公式（6－7）计算 2006—2015 年中部新兴城市群同城化区域的人口、经济及人口-经济综合发展水平可知（见图 6－9），6 个同城化地区的人口空间动态与经济发展均呈增长趋势，部分年份有小幅波动变化。从总量上看，2006—2015 年长株潭同城化地区的人口、经济与人口-经济综合发展水平指数均高于其他 5 个同城化地区。2015 年长株潭同城化地区的人口、经济及人口-经济综合发展水平指数分别为 0.33407、0.34320、0.67727，同期，人口发展水平指数最低的是郑开同城化地区，仅约为长株潭地区的 3/5；经济发展水平指数与人口-经济综合发展水平指数最低的是太榆同城化地区，分别是长株潭地区的 60.94％和 33.83％。从变化幅度看，除了太榆同城化地区以外，2006—2015 年中部新兴城市群同城化区域的人口-经济综合发展水平年均增长率都超过 2％。与 2006 年相比，2015 年汉孝同城化地区的人口-经济综合发展水平指数增幅最大，达 28.28％，太榆地区仅为 16.07％，比汉孝地区低了 12.21 个百分点。人口发展水平指数增幅最大的是昌九同城化地区，2015 年比 2006 年增加了 21.61％，比最低的合淮地区高了 8.69 个百分点；长株潭、汉孝两个同城化地区的增幅均超过了 20％。2006—2015 年，合淮、郑开、汉孝 3 个同城化地区的经济发展水平指数增幅超过 30％，太榆的经济发展水平指数增幅最小，仅为 16.07％，除了经济发展阶段的原因外，与行政区划的统计也有一定的关系。

(一)太榆同城化区域人口-经济综合发展水平

根据公式(6－2)至公式(6－7)计算 2006—2015 年太榆同城化区域的人口、经济及人口-经济综合发展水平,见表 6－4。2006—2015 年,太榆同城化地区的人口发展水平指数增长总体较为平缓;经济发展水平指数和综合发展水平指数在 2010—2012 年有小幅下降,2012—2014 年经济发展水平指数呈增加趋势,2014—2015 年又略有下降;2012—2015 年综合发展水平指数持续增加。

表 6－4　2006—2015 年太榆同城区域人口、经济及综合发展水平

年份	人口发展水平指数	经济发展水平指数	综合发展水平指数
2006	0.17853	0.18509	0.36362
2007	0.18768	0.19264	0.38033
2008	0.18351	0.19006	0.37357
2009	0.18696	0.19325	0.38021
2010	0.21617	0.21358	0.42975
2011	0.20899	0.19756	0.40655
2012	0.20972	0.18317	0.39289
2013	0.21163	0.18781	0.39944
2014	0.20391	0.21073	0.41464
2015	0.21290	0.20916	0.42206

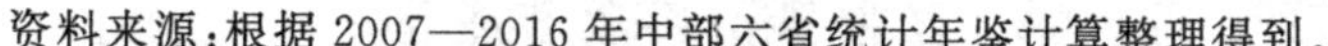

资料来源:根据 2007—2016 年中部六省统计年鉴计算整理得到。

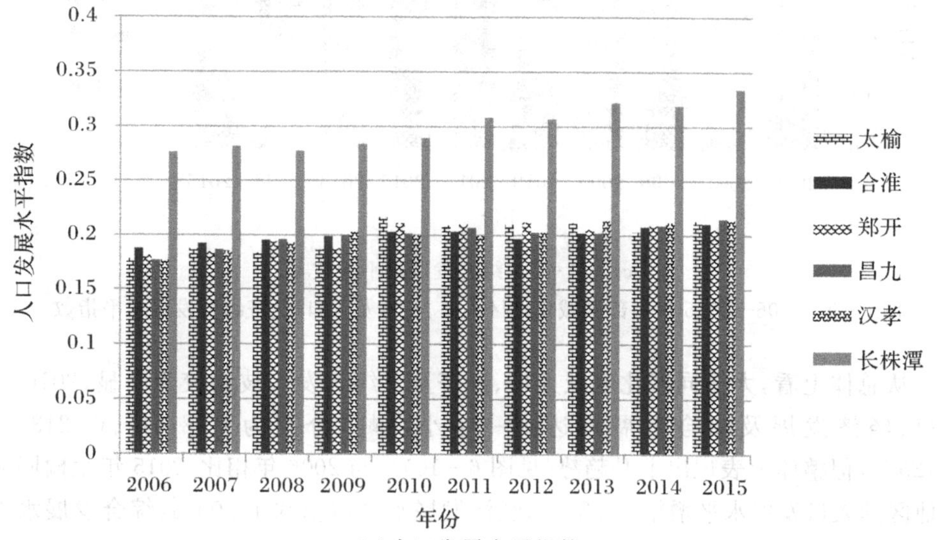

(a)人口发展水平指数

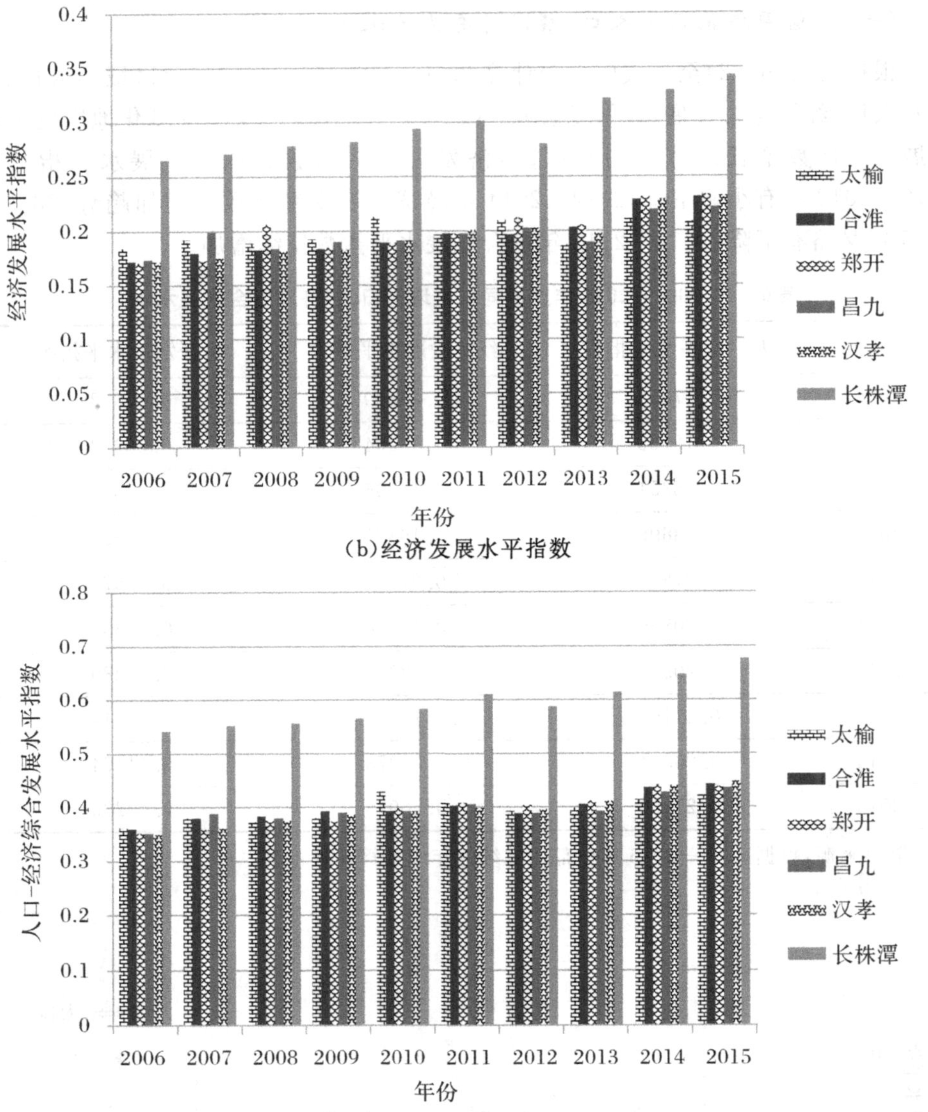

(b)经济发展水平指数

(c)人口-经济综合发展水平指数

图 6-9　2006—2015 年中部同城化地区人口、经济及人口-经济综合发展水平指数

从总体上看，太榆同城化区域人口、经济及其综合发展波动较为明显，2010 年人口、经济发展及综合发展均达到一个小高峰，分别为 0.21617、0.21358、0.42975，但整体上表现出上升趋势(见图 6-10)。与 2006 年相比，2015 年太榆同城化地区的人口发展水平增幅 19.25%，经济发展水平增幅约 13.00%，综合发展水平增幅为 16.07%，年均增长率分别为 1.98%、1.37%、1.67%。其中，2006—2009 年，

太榆同城化地区的经济发展带动力略高于人口发展带动力；2010—2014 年，人口发展带动力明显高于经济发展带动力；2014—2015 年，人口与经济协调发展，两者带动力相差不大。

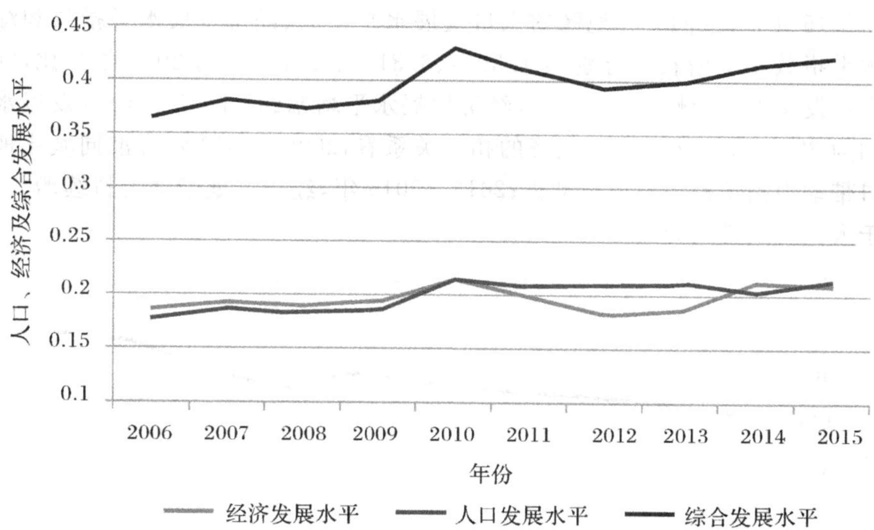

图 6 - 10　2006—2015 年太榆同城化区域人口、经济及综合发展水平趋势图

(二)合淮同城化区域人口-经济综合发展水平

根据公式(6 - 2)至公式(6 - 7)计算 2006—2015 年合淮同城化区域的人口、经济及人口-经济综合发展水平，见表 6 - 5。由表 6 - 5 可知，2015 年合淮综合发展水平指数为 0.44339，略高于太榆、郑开、昌九等同城化地区，是 2006 年的 1.23 倍。

表 6 - 5　2006—2015 年合淮同城区域人口、经济及综合发展水平

年份	人口发展水平指数	经济发展水平指数	综合发展水平指数
2006	0.18738	0.17290	0.36028
2007	0.19220	0.17979	0.37887
2008	0.19493	0.18394	0.38388
2009	0.19922	0.18466	0.39262
2010	0.20287	0.18974	0.39262
2011	0.20361	0.19888	0.40249
2012	0.19737	0.19003	0.38740
2013	0.20299	0.20322	0.40621
2014	0.20782	0.22947	0.43729
2015	0.21159	0.23181	0.44339

资料来源：根据 2007—2016 年中部六省统计年鉴计算整理得到。

与太榆同城化地区的人口-经济综合发展水平类似，2006—2015 年，合淮同城化地区的人口发展水平指数增长较为平缓，经济发展水平指数和综合发展水平指数除在 2011—2012 年略有下降外，其余年份均呈明显增长趋势（见图 6 - 11）。2006—2015 年，合淮同城化地区的人口发展水平指数、经济发展水平指数和综合发展水平指数年均增长率分别为 1.36%、3.31%、2.33%。与 2006 年相比，2015 年的人口发展水平增幅约 12.92%，经济发展水平增幅约 34.07%，综合发展水平增幅约为 23.07%。从人口与经济的相互关系看，2006—2013 年合淮同城化地区的人口带动力高于经济发展带动力；2013—2015 年，经济发展带动力持续增长，明显高于人口发展带动力。

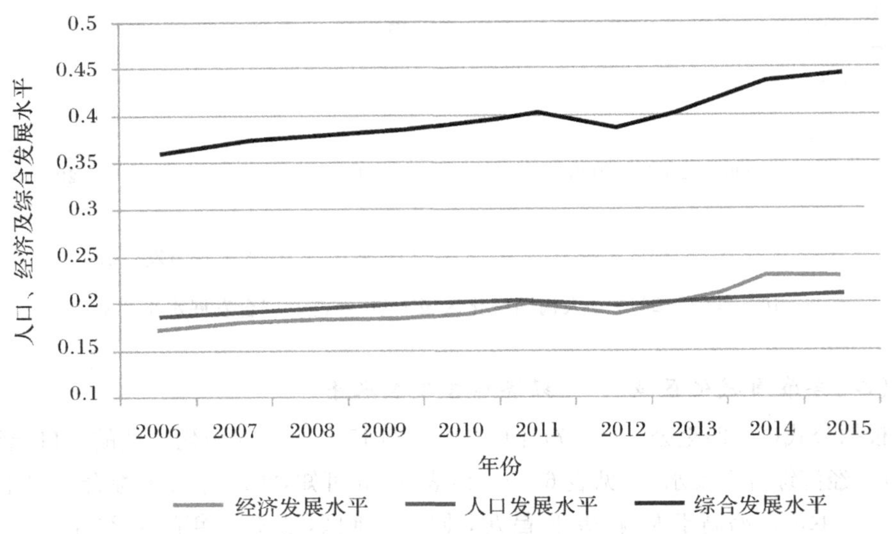

图 6 - 11 2006—2015 年合淮同城化区域人口、经济及综合发展水平趋势图

（三）郑开同城化区域人口-经济综合发展水平

根据公式（6 - 2）至公式（6 - 7）计算 2006—2015 年郑开同城化区域的人口、经济及人口-经济综合发展水平，见表 6 - 6。总体上看，郑开同城化地区的人口、经济发展水平均呈上升趋势，其中人口发展水平指数在 2006—2010 年平稳上升，2010—2015 年略有波动；经济发展水平指数在 2011—2012 年略有下降，其余年份均呈上升趋势。2006—2015 年，人口与经济发展水平总体呈增加趋势，年均增长率分别为 1.37%、3.52%。2006—2015 年，郑开同城化的综合发展水平指数呈增长趋势，年均增长率为 2.46%（见图 6 - 12）。

表 6-6　2006—2015 年郑开同城区域人口、经济及综合发展水平

年份	人口发展水平指数	经济发展水平指数	综合发展水平指数
2006	0.18161	0.17121	0.35282
2007	0.18406	0.17328	0.35734
2008	0.19437	0.18154	0.37591
2009	0.18731	0.18550	0.37281
2010	0.21070	0.18973	0.40043
2011	0.20966	0.19822	0.40788
2012	0.21267	0.19067	0.40334
2013	0.20551	0.20608	0.41159
2014	0.20878	0.23217	0.44095
2015	0.20533	0.23370	0.43903

资料来源：根据 2007—2016 年中部六省统计年鉴计算整理得到。

相对而言，2015 年郑开同城化地区的人口发展水平比 2006 年增加了约 13.06%，经济发展水平增幅约 36.50%，综合发展水平增幅约24.43%。其中，2006—2013 年，人口发展带动力略高于经济发展带动力，2008—2009 年人口发展水平出现短暂下滑；2013—2015 年，经济发展增速明显快于人口发展，经济带动力凸显，郑开同城化地区的经济导向性明显（见图 6-12）。

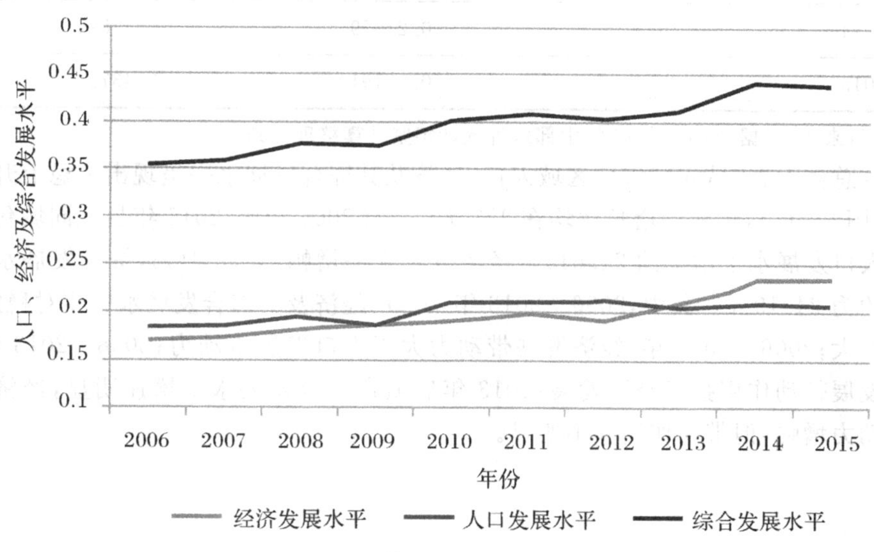

图 6-12　2006—2015 年郑开同城化区域人口、经济及综合发展水平趋势图

(四)昌九同城化区域人口-经济综合发展水平

根据公式(6-2)至公式(6-7)计算2006—2015年昌九同城化区域的人口、经济及人口-经济综合发展水平,见表6-7。由表6-7可知,人口发展水平指数平缓增长,经济与综合发展水平指数出现“三升两降”的波动,即2006—2007年、2008—2011年和2013—2015年呈变化增长,2007—2008年和2011—2012年两个时间段呈小幅下降。

表6-7 2006—2015年昌九同城区域人口、经济及综合发展水平

年份	人口发展水平指数	经济发展水平指数	综合发展水平指数
2006	0.17730	0.17500	0.35230
2007	0.18699	0.20089	0.38788
2008	0.19656	0.18410	0.38067
2009	0.20035	0.19096	0.39131
2010	0.20153	0.19149	0.39302
2011	0.20714	0.19826	0.40541
2012	0.20254	0.18540	0.38794
2013	0.20257	0.18997	0.39254
2014	0.20940	0.21959	0.42899
2015	0.21562	0.22191	0.43753

资料来源:根据2007—2016年中部六省统计年鉴计算整理得到。

从总体上看,昌九同城化区域人口、经济及其综合发展水平呈现出平稳上升趋势(见图6-13),年平均增长率均在2%以上。与2006相比,2015年昌九同城化区域的人口发展水平增幅约21.61%,经济发展水平增幅约26.81%,综合发展水平增幅约为24.19%。其中,2006—2013年,人口、经济及其综合发展水平相对稳定,增速不大;2006—2008年,经济发展带动力大于人口发展带动力;2008—2013年,人口发展带动作用强于经济发展;2013年后城市综合发展水平增速明显,经济发展带动力增强,但带动作用并不明显。

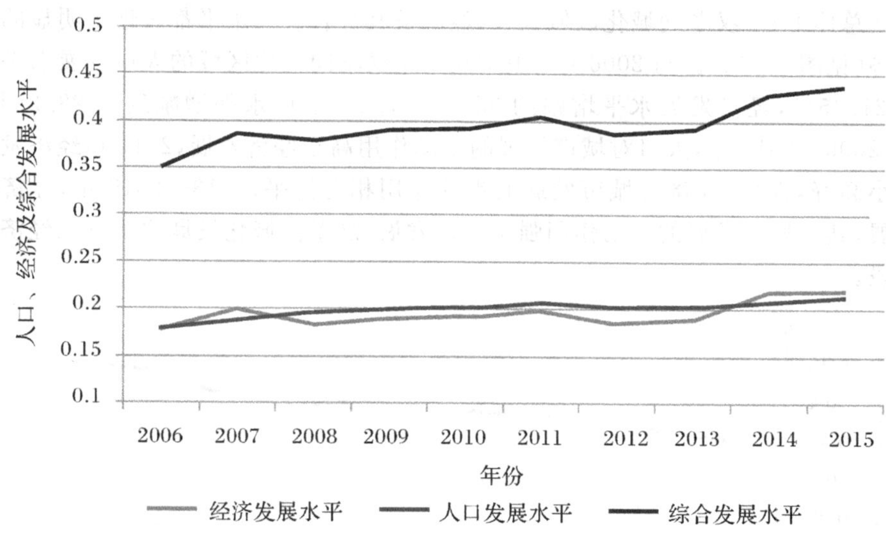

图 6－13　2006—2015 年昌九同城化区域人口、经济及综合发展水平趋势图

（五）汉孝同城化区域人口-经济综合发展水平

根据公式(6－2)至公式(6－7)计算 2006—2015 年汉孝同城化区域的人口、经济及人口-经济综合发展水平，见表 6－8。2015 年，汉孝的人口-经济综合发展水平指数为 0.44744，是 2000 年的 1.28 倍，年均增长率为 3.42%；人口发展水平指数、经济发展水平指数分别是 2000 年的 1.21 倍、1.35 倍，年均增长率都超过 2 个百分点。

表 6－8　2006—2015 年汉孝同城区域人口、经济及综合发展水平

年份	人口发展水平指数	经济发展水平指数	综合发展水平指数
2006	0.17654	0.17225	0.34879
2007	0.18534	0.17597	0.36131
2008	0.19320	0.18276	0.37596
2009	0.20267	0.18333	0.38599
2010	0.20082	0.19222	0.39305
2011	0.19893	0.20126	0.40018
2012	0.20314	0.19309	0.39622
2013	0.21322	0.19886	0.41207
2014	0.21174	0.22947	0.44121
2015	0.21441	0.23304	0.44744

资料来源：根据 2007—2016 年中部六省统计年鉴计算整理得到。

从总体上看,汉孝同城化区域人口、经济及其综合发展水平都表现出明显的上升趋势(见图 6-14)。与 2006 年相比,2015 年汉孝同城化区域的人口发展水平增幅约 21.45%,经济发展水平增幅约 35.29%,综合发展水平增幅约为 28.28%。其中,2006—2013 年,人口对城市发展的带动作用高于经济发展,2011 年经济发展出现小高峰,人口、经济对城市发展的带动作用相对持平;2013—2015 年,经济持续发展,其对城市发展的带动作用强于人口发展,汉孝同城化发展逐步进入经济导向阶段。

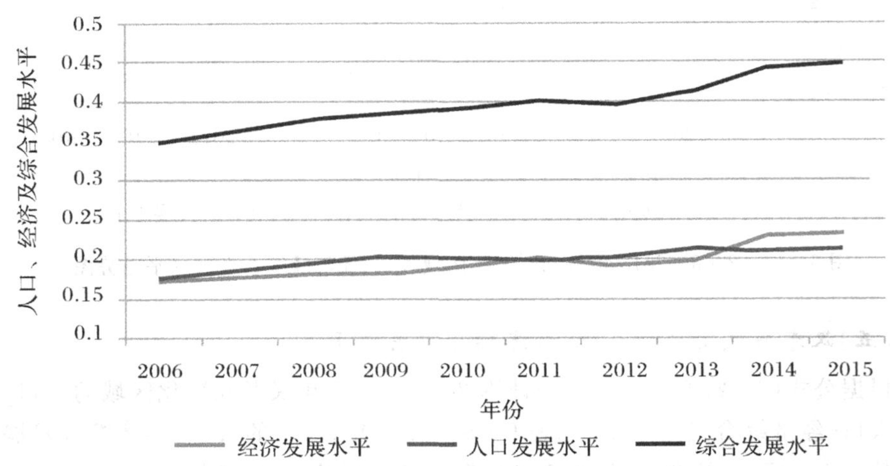

图 6-14 2006—2015 年汉孝同城化区域人口、经济及综合发展水平趋势图

(六)长株潭同城化区域人口-经济综合发展水平

根据公式(6-2)至公式(6-7)计算 2006—2015 年长株潭同城化区域的人口、经济及人口-经济综合发展水平,见表 6-9。由表 6-9 可知,2006—2015 年,三个指数的年均增长率均超过 2%,2015 年均约为 2006 年的 1.2 倍以上。

表 6-9 2006—2015 年长株潭同城化区域人口、经济及综合发展水平

年份	人口发展水平指数	经济发展水平指数	综合发展水平指数
2006	0.27608	0.26683	0.54291
2007	0.28175	0.27175	0.55349
2008	0.27851	0.27935	0.55785
2009	0.28356	0.28244	0.56599
2010	0.28886	0.29421	0.58307
2011	0.30873	0.30200	0.61073
2012	0.30704	0.28027	0.58732

续表

年份	人口发展水平指数	经济发展水平指数	综合发展水平指数
2013	0.32186	0.29208	0.61393
2014	0.31954	0.33016	0.64971
2015	0.33407	0.34320	0.67727

资料来源：根据 2007—2016 年中部六省统计年鉴计算整理得到。

2006—2015 年，长株潭同城化区域人口、经济及其综合发展水平与汉孝同城化区域变化趋势类似，总体上均呈现较为明显的上升趋势（见图 6－15）。与 2006 年相比，2015 年长株潭同城化地区的人口发展水平增加了约 21.00％，经济发展水平增幅约 28.62％，综合发展水平增幅约为 24.75％。其中，2006—2011 年，人口、经济及其综合发展处于缓慢增长阶段，年度增幅相对稳定；2012—2013 年，人口、经济及其综合发展出现短期下滑，人口对城市发展的带动作用高于经济发展；2013 年之后，人口、经济及其综合发展呈现快速增长，经济对城市发展的带动作用强于人口发展，但两者贡献力相差不大。

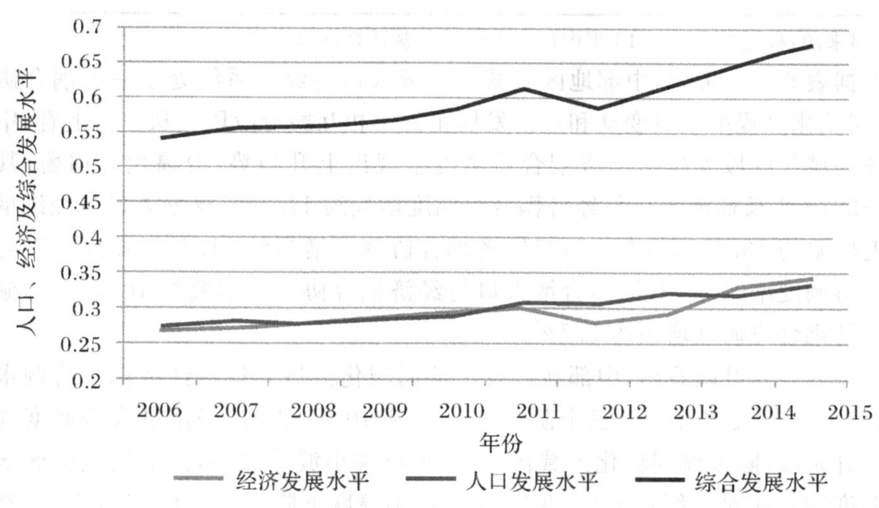

图 6－15　2006—2015 年长株潭人口、经济及综合发展水平趋势图

二、人口分布与经济分布耦合协调度分析

利用人口与经济发展耦合协调度模型衡量同城化区域人口、经济发展的协调关系，即在人口、经济及其综合发展水平指数的基础上，利用公式（6－8）至公式（6－9）计算出 2006—2015 年中部地区各同城化区域人口-经济耦合协调度（见表 6－10）。

表 6-10 2006—2015 年中部地区同城化区域人口-经济耦合协调水平

年份	长株潭	汉孝	昌九	郑开	合淮	太榆
2006	0.36839	0.29528	0.29677	0.29693	0.30000	0.30148
2007	0.37195	0.30049	0.31130	0.29882	0.30487	0.30834
2008	0.37345	0.30652	0.30841	0.30647	0.30770	0.30558
2009	0.37616	0.31045	0.31273	0.30529	0.30968	0.30829
2010	0.38179	0.31343	0.31340	0.31618	0.313321	0.32778
2011	0.39073	0.31630	0.31832	0.31927	0.31720	0.31874
2012	0.38298	0.31468	0.31127	0.31731	0.31118	0.31305
2013	0.39154	0.32087	0.31318	0.32078	0.31867	0.31572
2014	0.40299	0.33198	0.32744	0.33178	0.33044	0.32194
2015	0.41146	0.33431	0.33071	0.33095	0.33277	0.32482

资料来源：根据 2007—2016 年中部六省统计年鉴计算整理得到。

根据表 6-10 可知，中部地区同城化区域人口与经济系统处于一般耦合协调阶段，同城化过程中人口变动和经济发展正处于相互磨合阶段。从整体上看，中部地区各同城化区域人口与经济耦合协调度呈现出上升趋势，增幅相对均衡，其中 2006—2015 年长株潭人口与经济耦合协调度增幅约 11.7%，汉孝人口与经济耦合协调度增幅约 13.2%，昌九人口与经济耦合协调度增幅约 11.4%，郑开人口与经济耦合协调度增幅约 11.5%，合淮人口与经济耦合协调度增幅约 10.9%，太榆人口与经济耦合协调度增幅约 7.7%。

从图 6-16 可以看出，中部新兴城市群同城化区域人口与经济耦合协调水平变动相对一致，大致可分为三个阶段：2006—2010 年，人口-经济耦合协调度处于稳步上升阶段，除太榆同城化区域在 2010 年出现小波峰之外，其他同城化区域耦合协调度增长相对平缓；2011—2012 年出现小幅度下降；2013 年之后，人口-经济系统耦合协调度持续攀升，尤其长株潭同城化区域，增幅明显。

对比中部地区各同城化区域，2006—2015 年各时间段长株潭地区的人口与经济耦合协调度均明显高于中部地区其他同城化区域，人口-经济系统发展相对协调，表现出巨大的人口与经济发展潜力。

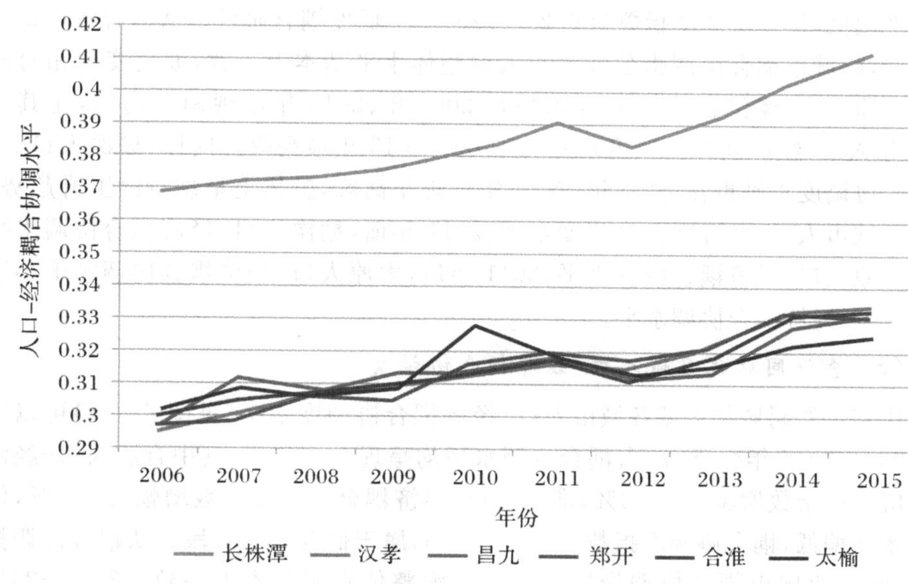

图 6-16　2006—2015 年中部地区同城化区域人口-经济耦合协调水平图

(一)太榆同城化区域人口-经济耦合协调度

比较太榆同城化区域各城市人口-经济耦合协调度水平(见图 6-17)可以看出,2006—2015 年太原、榆次耦合协调水平均呈现上升趋势,其中太原人口-经济耦合协调度指数增幅为 6.9%,榆次人口-经济耦合协调度指数增幅为 8.5%,但整

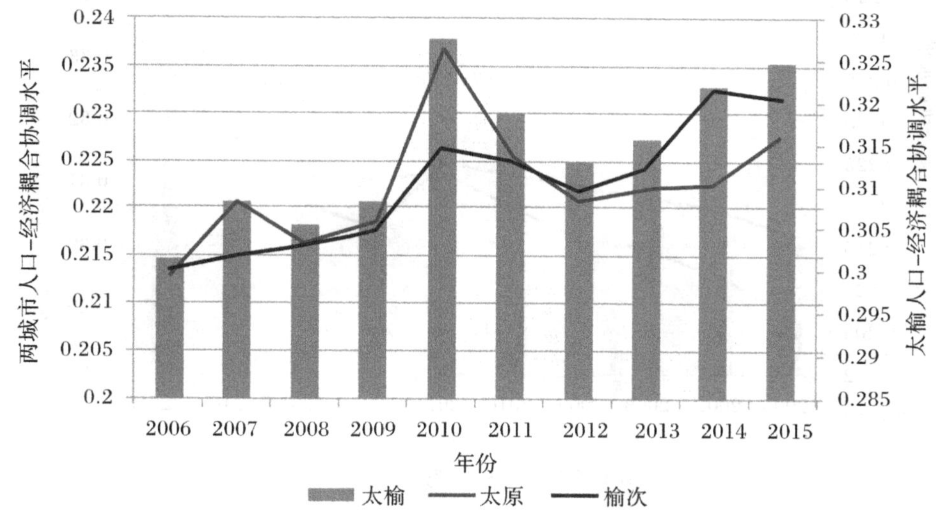

图 6-17　2006—2015 年太榆同城区域各城市人口-经济耦合协调水平图

体水平偏低，耦合协调度指数为 0.2～0.25，属于低度耦合阶段。从耦合协调指数波动看，两城市耦合协调指数波动与太榆整体水平基本上一致，波动变化相对较大。太原人口-经济耦合协调度水平在 2007 年、2010 年出现两个高峰，尤其是 2010 年人口-经济耦合协调度水平为 2006—2015 年最高峰。同样，榆次人口-经济耦合协调度水平也在 2010 年、2014 年出现小高峰，整体上呈现持续上升趋势。比较两城市人口-经济耦合协调度水平，2011 年前，榆次人口-经济耦合协调水平小于太原人口-经济耦合协调水平；2011 年后，太原人口-经济耦合协调水平小于榆次人口-经济耦合协调水平。

（二）合淮同城化区域人口-经济耦合协调度

比较合淮同城化区域各城市人口-经济耦合协调度水平（见图 6－18）可以看出，2006—2015 年合肥、淮南耦合协调水平均呈现上升趋势，其中合肥人口-经济耦合协调度指数增幅为 14.3%，淮南人口-经济耦合协调度指数增幅为 7.7%，但整体水平偏低，耦合协调度指数为 0.2～0.25，属于低度耦合阶段。从耦合协调指数波动看，两城市耦合协调指数波动与合淮整体水平基本上一致。2006—2015 年，合肥人口-经济耦合协调度水平呈现持续上升趋势，但 2012 年、2015 年出现小幅度下滑。淮南人口-经济耦合协调度水平在 2012 年下降幅度较大，但之后持续上升且增幅较大。比较两城市人口-经济耦合协调度水平，2011 年前，合肥人口-经济耦合协调水平小于淮南人口-经济耦合协调水平；2011 年后，淮南人口-经济耦合协调水平小于合肥人口-经济耦合协调水平。

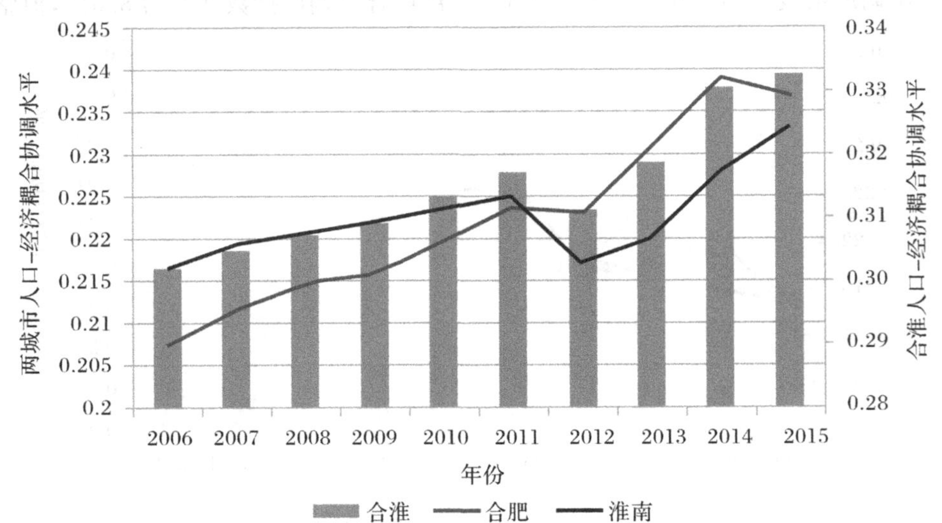

图 6－18　2006—2015 年合淮同城化区域各城市人口-经济耦合协调水平图

(三)郑开同城化区域人口-经济耦合协调度

比较郑开同城化区域各城市人口-经济耦合协调度水平(见图 6-19)可以看出,2006—2015 年郑州、开封耦合协调水平均呈现上升趋势,其中郑州人口-经济耦合协调度指数增幅为 17.3%,开封人口-经济耦合协调度指数增幅为 6.0%,但整体水平偏低,耦合协调度指数为 0.2～0.25,属于低度耦合阶段。从耦合协调指数波动看,两城市耦合协调指数波动与郑开整体水平基本上一致。2006—2015 年,郑州人口-经济耦合协调度水平呈现持续上升趋势,但 2015 年出现小幅度下滑。开封人口-经济耦合协调度水平波动相对较大,在 2008 年、2010 年、2014 年出现小高峰,后均出现下降趋势,2014 年后呈现相对稳定趋势。比较两城市人口-经济耦合协调度水平,2011 年前,郑州人口-经济耦合协调水平小于开封人口-经济耦合协调水平;2011 年后,开封人口-经济耦合协调水平小于郑州人口-经济耦合协调水平。

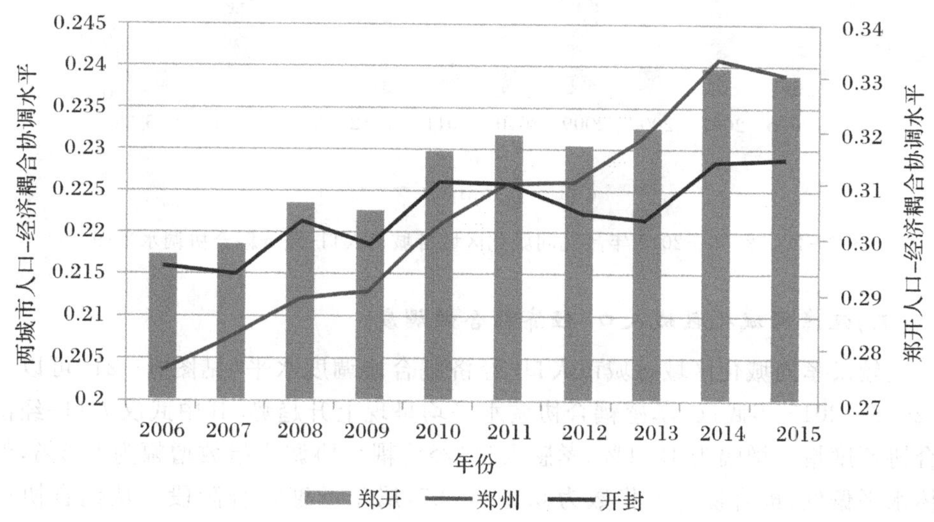

图 6-19　2006—2015 年郑开同城化区域各城市人口-经济耦合协调水平图

(四)昌九同城化区域人口-经济耦合协调度

比较昌九同城化区域各城市人口-经济耦合协调度水平(见图 6-20)可以看出,2006—2015 年南昌、九江耦合协调水平均呈现上升趋势,其中南昌人口-经济耦合协调度指数增幅为 11.8%,九江人口-经济耦合协调度指数增幅为 11.1%,但整体水平偏低,耦合协调度指数为 0.2～0.25,属于低度耦合阶段。从耦合协调指数波动看,两城市耦合协调指数波动与昌九整体水平基本上一致。2006—2015 年,南昌人口-经济耦合协调度水平波动相对较大,在 2007 年、2011 出现小高峰,后均出现下降趋势;九江人口-经济耦合协调水平高峰出现在 2009—2011 年,

2012—2013 年出现波谷；2013 年后两城市人口-经济耦合协调水平相当，呈现上升发展趋势。比较两城市人口-经济耦合协调度水平，2008 年前，九江人口-经济耦合协调水平小于南昌人口-经济耦合协调水平；2008—2014 年，南昌人口-经济耦合协调水平小于九江人口-经济耦合协调水平；2014 年之后，九江人口-经济耦合协调水平小于南昌人口-经济耦合协调水平。

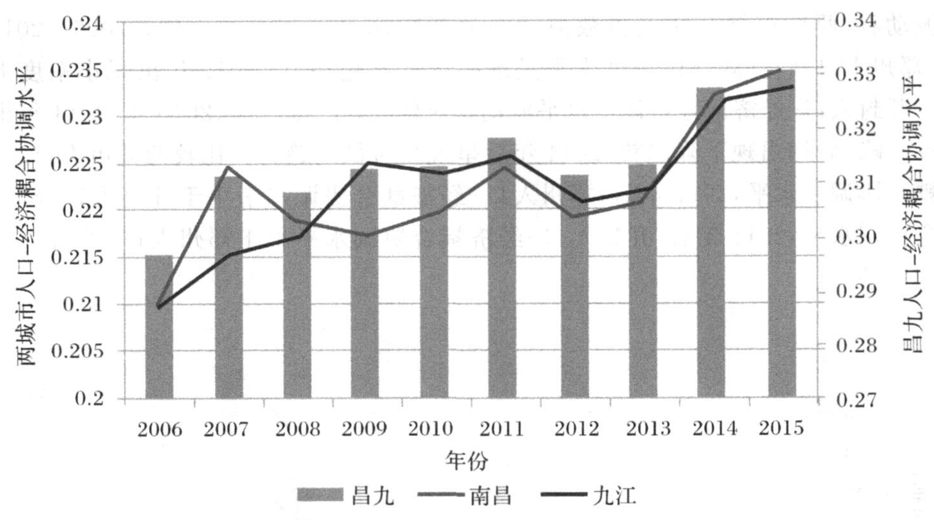

图 6-20　2006—2015 年昌九同城化区域各城市人口-经济耦合协调水平图

(五)汉孝同城化区域人口-经济耦合协调度

比较汉孝同城化区域各城市人口-经济耦合协调度水平(见图 6-21)可以看出，2006—2015 年武汉、孝感耦合协调水平均呈现上升趋势，其中武汉人口-经济耦合协调度指数增幅为 18.1%，孝感人口-经济耦合协调度指数增幅为 8.5%，但整体水平偏低，耦合协调度指数为 0.2～0.25，属于低度耦合阶段。从耦合协调指数波动看，两城市耦合协调指数波动与汉孝整体水平呈现一致的变化趋势，大致分为三个阶段：2006—2011 年，两城市人口-经济耦合协调水平基本上处于上升阶段，且涨幅较大；2012 年，两城市人口-经济耦合协调度水平下降；2012 年后整体呈现上升趋势，但孝感在 2015 年再次出现下降。比较两城市人口-经济耦合协调度水平，2011 年前，武汉人口-经济耦合协调水平小于孝感人口-经济耦合协调水平；2011 年后，孝感人口-经济耦合协调水平小于武汉人口-经济耦合协调水平。

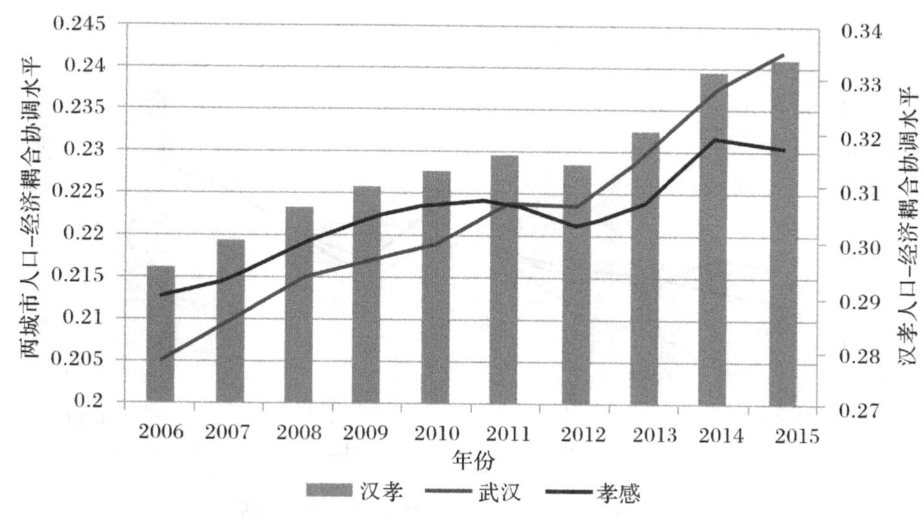

图 6-21　2006—2015 年汉孝同城化区域各城市人口-经济耦合协调水平图

(六)长株潭同城化区域人口-经济耦合协调度

比较长株潭同城化区域各城市人口-经济耦合协调度水平(见图 6-22)可以看出,2006—2015 年长沙、株洲、湘潭耦合协调水平均呈现上升趋势,其中长沙人口-经济耦合协调度指数增幅为 20.1%,株洲人口-经济耦合协调度指数增幅为 7.2%,湘潭人口-经济耦合协调度指数增幅 8.3%,但整体水平偏低,耦合协调度指数为 0.2～0.25,属于低度耦合阶段。从耦合协调指数波动看,三城市耦合协调指数波动与长株潭整体水平呈现一致的变化趋势,大致分为三个阶段:2006—2011 年,除株洲在 2008 年出现短暂下降外,三城市人口-经济耦合协调水平基本上处于上升阶段,其中长沙上升幅度较大;2012 年,三城市人口-经济耦合协调度水平出现下降;2012 年后又呈现上升趋势,且上升幅度加快。比较三城市人口-经济耦合协调度水平,2008 年之前,长沙人口-经济耦合协调水平<湘潭人口-经济耦合协调水平<株洲人口-经济耦合协调水平;2008—2010 年,长沙人口-经济耦合协调水平<株洲人口-经济耦合协调水平<湘潭人口-经济耦合协调水平;2010—2011 年,株洲人口-经济耦合协调水平<长沙人口-经济耦合协调水平<湘潭人口-经济耦合协调水平;2011—2014 年,株洲人口-经济耦合协调水平<湘潭人口-经济耦合协调水平<长沙人口-经济耦合协调水平;2014 年之后,湘潭人口-经济耦合协调水平<株洲人口-经济耦合协调水平<长沙人口-经济耦合协调水平。

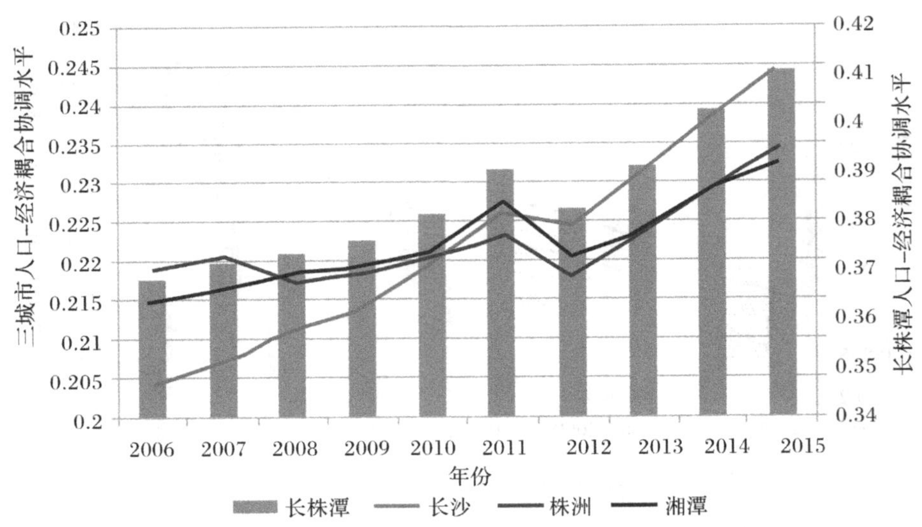

图 6-22 2006—2015 年长株潭同城化区域各城市人口-经济耦合协调水平图

第五节 本章小结

本章在对同城化发展与人口空间动态的相互影响定性分析的基础上，从同城化区域人口空间动态与经济增长关系的角度出发，选取人口空间动态和区域经济发展的 5 个一级指标 12 个二级指标，从人口动态系统和经济发展系统 2 个子系统出发，构建人口与经济发展耦合度模型和人口与经济发展耦合协调度模型，对太榆、合淮、郑开、昌九、汉孝、长株潭 6 个同城化区域的人口空间动态与区域经济发展特征及其耦合协调度进行了分析，结果表明：

(1)中部地区同城化区域人口、经济及其综合发展水平整体上呈现上升趋势，人口、经济对同城化区域整体发展的带动力逐步增大。2006—2015 年，人口、经济及其综合发展的水平整体波动不大，大致可分为两个阶段：2013 年之前，人口对同城化区域的影响带动力较大，城市发展人口集聚力逐步增强；2013 年之后，经济持续发展，其对城市的带动作用强于人口发展，城市发展逐步进入经济导向阶段。

(2)中部地区同城化区域人口与经济系统处于一般耦合协调阶段，同城化过程中人口变动和经济发展正处于相互磨合阶段。从整体上看，中部地区各同城化区域人口与经济耦合协调度呈现出上升趋势，增幅相对均衡。2006—2015 年，中部地区同城化区域人口与经济耦合协调水平变动相对一致，大致可分为三个阶段：2006—2010 年，人口-经济耦合协调度大致处于稳步上升阶段；2011—2012 年出现小幅度下降；2013 年之后，人口-经济系统耦合协调度持续攀升，尤其是长株潭同城化区域，增幅明显。对比中部地区各同城化区域，长株潭人口与经济耦合协调度明显高于中部地区其他同城化区域，人口-经济系统发展相对协调，表现出巨大的发展潜力。

第七章

同城化视域下人口空间的合理分布与迁移流动策略

第一节　强化跨区域规划管理，促进同城化区域人口有序合理分布

一、科学规划人口功能区，分类引导人口与经济有序有效集聚

根据2008年4月下发的《国家人口计生委关于开展人口发展功能区编制工作的指导意见》，人口功能区是以人口的分布、流向、集聚等动态监测为出发点，通过对不同地区人口发展的资源环境基础和经济社会条件的分析，可将不同区域划分为人口限制区、人口疏散（收缩）区、人口稳定区、人口集聚区等四类人口发展功能区（生态屏障、功能区划与人口发展课题组，2008）。通过对人口与经济分布相对比例，即不一致指数（耦合指数 I）的考量，综合研究同城化区域人口与经济在地理空间上的集聚程度，一般认为，若人口经济不一致指数大于1，表示该地区人口集中度大于经济聚集度；不一致指数等于1，表示该地区人口集中度等于经济聚集度；不一致指数小于1，表示该地区人口集中度小于经济聚集度（肖周燕，2014）。

结合《国家人口计生委关于开展人口发展功能区编制工作的指导意见》中的人口功能区划，根据中部新兴城市群同城化区域121个区县人口与经济的耦合程度，对各区县人口与经济的空间耦合类型进一步细分（蔡卓杰 等，2016），将各同城化区域的人口与经济耦合分为人口极化型（人口集中度远远大于经济集聚度）、人口超前型（人口集中度大于经济集聚度）、人口-经济协调型（人口集中度与经济集聚度相当）、人口滞后型（人口集中度落后于经济集聚度）、人口落后型（人口集中度远远小于经济集聚度）5类（见表7-1）。同时，不同时间段的人口-经济耦合度会随着经济社会的发展而发生不同的变化，因此，具体进行人口空间引导时，应根据人口与经济空间耦合特征对同城化区域的人口空间流动进行有序地分类引导与有效地集聚。

表7-1　中部新兴城市群同城化区域各区县人口与经济耦合指数分类

人口-经济耦合指数 I	人口-经济耦合类型	区县	分类引导
>2.0	人口极化型	修水县、巢湖市、晋源区、都昌县、庐江县、娄烦县、古交市、惠济区、洪山区、茶陵县、阳曲县	人口集聚度远大于经济集聚性，疏散和引导人口分布，促进经济集聚，在人口空间分布基础上形成区域经济发展格局

续表

人口-经济耦合指数 I	人口-经济耦合类型	区县	分类引导
(1.5～2.0]	人口超前型	江夏区、长丰县、大悟县、安义县、湘潭县、星子县、肥东县、新洲区、硚口区、武宁县、平遥县、榆社县、黄陂区、孝昌县、安陆市、彭泽县、清徐县、炎陵县、蔡甸区、进贤县	人口集聚度大于经济集聚性，引导人口合理分布与迁移流动，促进经济集聚发展
(1.0～1.5]	人口-经济协调型	巩义市、顺河回族区、登封市、湾里区、谢家集区、肥西县、中牟县、瑶海区、醴陵市、和顺县、湖口县、祥符区、尖草坪区、汉南区、金水区、江岸区、青山区、八公山区、左权县、攸县、瑞昌市、杞县、太谷县、望城区、二七区、南昌县、祁县、永修县、昔阳县、浏阳市、九江县、蜀山区、万柏林区、中原区、宁乡县、孝南区、新建区、湘乡市、武昌区、株洲县	人口与经济集聚较为稳定，优化协调发展
(0.5～1.0]	人口滞后型	石峰区、庐阳区、包河区、庐山区、岳塘区、芦淞区、雨花区、芙蓉区、天元区、雨湖区、田家庵区、禹王台区、迎泽区、汉川市、寿阳县、汉阳区、新郑市、凤台县、小店区、荥阳市、江汉区、鼓楼区、应城市、德安县、韶山市、岳麓区、东西湖区、潘集区、青云谱区、上街区、通许县、长沙县、青山湖区、杏花岭区、东湖区、西湖区、管城区、兰考县、新密市、开福区、介休市、天心区、龙亭区、尉氏县、榆次区、大通区	经济集聚大于人口集中度，消除人口流动制度性障碍，减少交易成本，促进人口要素自由流动，加强人口合理有效集聚
≤0.5	人口落后型	荷塘区、浔阳区、云梦县、灵石县	经济集聚远大于人口集中，消除人口流动制度性障碍，减少交易成本，促进人口规模集聚

资料来源：根据 2016 年各省市统计年鉴计算整理得到。

二、促进跨界区域的协调发展，逐级引导同城化地区人口合理流动

跨界区域是指位于两个或两个以上行政区相互接壤的地带、地域空间上涵盖多个行政区的交界区域，也是跨行政区传递区域中心辐射经济势能的关键节点区域（陈雯，2012），是跨行政区域人口流动与集聚的活跃地带。同城化地区正是地理空间上的行政边界相邻、经济功能相近、空间连绵发展的区域，合理规划同城化地区的空间布局，尤其是跨界区域及重点协调区域的协同规划、跨城功能分区的实现，都将进一步促进相邻城市间的空间聚合（曾群华 等，2012），从而推进同城化的纵深发展。首先，应选取基础设施、产业发展、居住生活、综合服务等重点领域和发展基础较好、定位明确、合作共促的跨界地区作为先行先试区域，将其规划建设成为引导同城化发展和人口合理分布的示范载体。如太原都市区规划中提出以“规划同筹、交通同网、设施同布、生态同建、环境同治”为导向，以晋源一小店一榆次为核心建立太原晋中共建区，将跨太原、晋中两市行政边界的接合部确定为“同城化重点协调区域”，进一步推进基础设施、公共设施和生态修复的同城化（太原都市区规划（2016—2040），2016）。长株潭城市群围绕三市跨界区域专门制定了“生态绿心”规划，绿心中心区以三市规划建成区边界为基准，呈 T 字形分布，包括城南组团（原暮云组团）、响水组团和昭山—易家湾组团以及九华镇、跳马镇、白马镇、响塘乡、暮云镇等乡镇区域范围；大绿心区域泛指长株潭三市接合部，范围在 1000 平方千米以上。最早形成同城化规划合作协议的广佛地区，在同城化规划中提出“先交界后纵深”，在五沙地区、新客站周边地区、芳村桂城地区、金沙洲地区及花都空港地区等广州与佛山交界地段的五大重点地区着重开展同城整合规划综合实验，打造重大基础设施共建共享区。其次，可以中心城市的中心城区为极核，同城化地区的市辖区为次级中心，重点在同城化的跨界区域开展同城化综合试验，先行先试，然后再逐渐推进到其他各区县，逐级推进全域范围的同城化发展，有序引导人口合理分布与迁移流动。

三、加强跨区域规划管理，促进同城化地区人口流动的制度衔接

坚持将尊重自然、传承历史、以人为本、智慧绿色、低碳生活理念全面融入同城化发展规划体系与设计方案之中，实现从数量增长型规划向功能效益型规划转变，从规模扩张型规划向集约节约型规划转变，从生存需求型规划向包容增长型规划转变，从城市优先型规划向城乡统筹型规划转变。同时，加强同城化区域城市规划、乡镇规划与经济社会发展、主体功能区建设、国土资源利用、生态环境保护、基础设施建设等专项规划的相互衔接；遵循“多规合一、多规同向、多规同步”的原则，推动同城化区域的经济社会发展总体规划、城市规划、土地利用规划、产业布局规划等“多规合一”；加强跨区域规划管理，形成同城化地区核心区域引领、城市功能

对接、产业协同发展的格局；促进同城化地区人口宏观调控管理制度的衔接，完善常住人口管理信息系统，实行城乡居民户口统一登记管理制度。

第二节 加强同城化区域基础设施共建共享，推动人口跨区域无障碍流动

一、强化跨区域交通网络体系建设，为同城化人口流动提供物质基础

尽管各同城化区域已基本实现跨区域的城际公交、城际铁路、高速公路的全面对接，但同城化的综合交通枢纽与网络体系尚未完善。为进一步促进同城化地区人口要素资源跨区域的自由流动，应加强跨区域的城市“断头路”“瓶颈路”的整治完善建设，加密城市次支路网，积极发展以轨道交通、快速公交为骨干的同城公共交通系统。在完善城际交通网络的基础上，进一步加强和完善枢纽型、功能性、网络化的跨区域综合交通枢纽建设，构建高效便捷和辐射带动力强的同城化综合交通网络体系，从基础交通网络、综合对接服务、无缝衔接贯通等方面实现城际公交、地铁、长途客运等交通方式的零换乘，推进同城化交通网络的衔接与融合，为人口、资源、信息等要素的流动创造无障碍的物质基础。

二、加强跨区域公用设施共建共享，为同城化人口流动提供重要保障

以跨界区域为重点和突破点，突破行政界限统筹同城化地区供排水、供热、燃气、污水处理、垃圾收集储运与处理等大型跨区域市政公用设施的规划与建设；统筹规划同城化区域的信息管网与基站布局，加快建设基础通信网、无线宽带网、应急指挥网、数字电视网等信息基础设施；探索建立健全跨区域市政公用设施共建共享的协调机制，实现同城化区域尤其是跨界区域重大基础设施的合理布局与共建共享，为同城化地区的人口自由流动提供强有力的生产、生活设施保障。

三、完善跨区域公共交通服务体系，为同城化人口流动提供便捷服务

良好的交通服务软环境是跨区域间人口要素自由流动的重要保障。实现同城化跨区域的交通服务软环境应在破除区域行政和制度壁垒的基础上，构建以城际轨道交通为主、高速公路为辅、多种交通方式并存融合的同城化公共交通服务体系，调整和优化跨区域的城际公交路线网络，合理规划布局跨区域的综合交通枢纽和无障碍换乘枢纽站点，提高以城际高速公路与城际轨道交通为骨干的客运线路和运力，扩大同城化区域之间城际轨道、快速公交的覆盖面与规模，优化完善各主要站点之间的衔接，为同城化区域的群众出行提供更为便捷高效的交通方式。在交通信息管理方面，加强同城化区域交通信息数据服务共建共享平台的建设，建立

健全同城化跨区域对接道路交通的信息采集机制、通报机制、突发事件处置机制和事故追逃联动机制，探索跨界跨区域的交通联合执法。推动大数据和云计算跨地域智能调度合作机制，探索同城化交通卡的融合机制，扩大月票制、年票制互通互用的使用对象和地域范围，加快建设智能化年票互认车牌自动识别系统。

第三节 大力推进农业转移人口市民化，促进同城化地区人口有效集聚

一、推进同城化地区农业转移人口落户城镇

同城化地区相对于省域其他地区而言，经济更为集聚，基础设施更加完善，就业机会更多，也是农村剩余劳动力转移进城的主要集聚地。对于农业转移人口而言，最重要的第一步是能在城市稳定就业，稳定生活，完成就业和生活方式的转型。首先，应增强同城化地区，尤其是经济相对滞后的人口集聚地区的经济势能，优化产业结构，发展第三产业和服务业，统筹安排城乡就业，把扩大农业转移人口与其他常住人口在城镇就业、实现流动人口就业充分和稳定作为重要任务，为农业转移人口进城就业创造更多的机会，使农民在城里有长期稳定生存的手段。在此基础上，逐步实现农业转移人口社会身份市民化转型。其次，充分尊重有意愿在城镇落户的进城务工人员及家庭的选择权，建立健全公开透明的市民化工作运行机制。按照先存量、后增量，先本地、后外地，先省内、后省外，先失地农业人口、后其他农业人口，先进城务工人员及子女、后投靠亲友的顺序，分门别类推进不同群体转为城镇居民。在全面推进常住人口基本公共服务均等化的同时，优先解决本地失地农民市民化待遇问题；积极稳妥推进异地务工人员本地长成子女市民化，对不愿意放弃农村各项权益的本地进城农村居民和异地转入常住人口，按常住人口管理并让其平等享有城镇居民基本公共服务。再次，逐步引导农业转移人口行为方式市民化转型，建立健全相关法律，保障在城市居住一定年限的农业转移人口拥有选举权和被选举权，参与民主选举、民主决策、民主管理、民主监督，使农业转移人口的利益有制度化的表达渠道。最后，让农业转移人口参与社区的公共活动、建设和管理，发展与城市居民的交往、互信和互助，使城市社区成为农业转移人口和当地居民共建、共管、共享的社会生活共同体，使农业转移人口不再觉得受排斥、无归属感，从情感上真正融入当地社会。

同时，完善居住证制度，保障持居住证的农村转移人口在就业、教育、社保、医疗卫生、证照办理、公共交通等领域享受市民待遇，规定居住证持有人员转为户籍人口的具体年限。健全完善移民安置保障措施，对于因国家、省、市实施异地扶贫搬迁工程、生态移民工程、避险移民工程、城镇扩容工程和大型交通、水利等工程项

目产生的迁移人口，尽可能将有条件的就地就近安置在城镇转变为城镇居民。外来农业人口转户后，同等参加城镇企业职工基本养老保险、城镇职工基本医疗保险等五大社会保险，不设置待遇等待期；转户居民可以平等申请公租房，平等享受创业、就业政策扶持，随迁子女平等地接受教育。

在具有一定发展条件、资源条件较好和有一定发展优势的地区，加快产业布局调整，大力发展现代化农业，优化提升乡镇企业，积极培育乡村服务业，增强中小城市和县域经济的发展后劲，不断完善小城镇和新型农村社区综合功能和产业支撑，培育宜居、宜业、宜商的优良环境，增强就业吸纳能力，促进城镇基础设施向农村延伸、城镇公共服务向农村覆盖、城市文明向农村辐射，吸引和鼓励第一代农业转移人口返乡创业和再就业，引导新增农业转移人口在家乡就近城镇落户定居，使大多数存量与增量农业转移人口在本地实现市民化。

另外，在省公安户籍信息平台的基础上，尽快充实和完善全省城乡统筹改革信息平台和数据库。及时准确地记录转户人口的户籍、居住、就业、社保、医保、劳保、教育、土地、生活轨迹等信息，尽快全面建成涵盖全省各级各有关行业的城乡统筹改革信息系统和综合数据库，加快实现各级各有关部门之间的系统互联、信息互通、数据共享、动态查询，确保转户工作有据可查、有章可循，信息系统高效安全。同时，改进和完善户口网上迁移业务，规范专项业务流程，简化办事程序，严格办理时限。

二、推进农业转移人口享有城镇基本公共服务

全面推进城乡民生共享进程，创新基本公共服务均等化体制机制，建立覆盖农业转移人口的城市公共服务体系，保障其平等享有城镇公共服务的市民待遇。首要的是应从规划上将农业转移人口家庭对教育、医疗、安全、娱乐等公共服务的需要纳入城市整体规划统筹考虑。按照保障基本、循序渐进的原则，积极推进城镇基本公共服务由主要对本地户籍人口提供向对常住人口提供转变，逐步解决在城镇就业居住但未落户的农业转移人口平等享有城镇基本公共服务问题，保障与城市居民同样享有城镇住房、养老、医疗、就业、教育等权利，加快推进城乡医保、社保、就业、教育、住房等保障体系的规范性对接。同时，努力实现城乡政策制度之间的有效衔接，努力实现居民均享有“同票同权、同命同价、同工同酬、同城同教、同地同保”基本公共服务“五同”目标。

加强城乡公共服务的资金配套与政策引导，制定对城乡公共服务基础设施的投入与扶持政策，把农业转移人口公共服务的开支纳入各级政府财政预算，确保稳定的经费投入。合理划分省级政府与地方公共服务支出责任，省级财政要围绕推进基本公共服务均等化目标，结合各地承载农业转移人口数量和提供基本公共服务均等化情况，加大对地方的转移支付，尤其是财政性转移支付。地方财政要着力

优化财政支出结构，不断增加基本公共服务投入，稳步推进城镇基本公共服务常住人口全覆盖，把进城落户农民纳入社会保障体系，扩大市民化农民的社会保障覆盖面，使进城务工人员与城镇职工平等地参加养老、医疗、失业、工伤、生育保险并享受相应待遇，在农村参加的养老保险和医疗保险规范地接入城镇社保体系，逐步建立起覆盖城乡的普惠型基本公共服务体系。

建立健全城乡基本公共服务设施完善、平台支撑、资金支持、人力资本提升等强化发展要素保障的政策体系，构建发展型基本公共服务体系。增强城市基础设施建设，建设和完善城镇的水、电、路、气、绿化、垃圾污水处理等基础设施，特别要加强幼儿园、学校、医院、保障性住房等公共服务设施的建设，提升城市服务功能，让农业转移人口分享经济增长的成果。促进农村土地退出机制、城镇就业收入机制和成本分摊机制等经济融合机制，建立农业转移人口“创业就业，个人参保”个人发展账户，提高农业转移人口自身的物质资本。建立健全就业服务体系，建立各类免费就业服务制度，加大转移就业援助力度，提升农业转移人口的就业能力，确保农业转移人口无障碍转移就业和城乡就业困难人员实现就业、再就业。加快构建覆盖城乡的公共卫生、医疗服务体系以及以国家基本药物制度为基础的药品供应保障体系，不断提高公共医疗卫生服务水平。同时，进一步完善城乡公共文化服务体系，增强文化对经济发展的支撑引领作用。

三、建立健全农业转移人口市民化推进机制

消除城乡二元结构对农业转移人口市民化的制度障碍，建立以市场主导的人口转移机制，减少约束农业转移人口自由流动的制度因素，使农业转移人口在择业过程中通过权衡进入城市的成本和收益，自由选择进入同城化城市，降低人口城镇化的制度壁垒和成本。

建立健全农业转移人口就业技能培训组织领导体系，将培训规划目标纳入相关部门就业目标考核的重要内容，建立就业培训督导体系、就业和创业指导中心，加强指导和协调督促，建立就业技能培训长效机制。规范农业转移人口培训市场，政府应加强对培训工作的规划与管理，把农业转移人口人力资源开发与城乡劳动力资源开发有机结合；整合职业教育和培训资源，建立以公共培训机构为主体，社会培训资源为补充的多元化就业培训体系，鼓励企业建立职工岗位培训制度，强化企业开展农业转移人口的岗位技能培训责任，提高农业转移人口的就业创业能力和职业素质。鼓励高等学校、各类职业院校和培训机构积极开展职业教育和技能培训。构建覆盖全省、直达乡村（社区）的城乡一体化的公共创业培训服务体系与服务网络，帮助农业转移人口自主创业，免费开展项目推介、开业指导、场地安排、融资服务、政策咨询、跟踪回访等一站式服务。加大农业转移人口创业政策扶持力度，健全农业转移人口劳动权益保护机制。

建立健全由政府、企业、个人共同参与的农业转移人口市民化成本分担机制，根据农业转移人口市民化成本分类，明确政府、企业、个人共同参与的农业转移人口市民化成本分担主体与支出责任。各级政府根据基本公共服务的事权划分，进一步提高专项转移支付的比重，主要承担义务教育、就业服务、基本养老、基本医疗卫生、保障性住房以及市政设施等方面公共服务领域的成本，进一步增强吸纳农业转移人口较多地区政府的公共服务保障能力；企业既要维护农业转移人口的合法权益，确保按时支付与增长工资，还要通过依法为农业转移人口办理基本的养老、医疗、失业、工伤、生育等社会保险费用，分摊市民化成本。同时，积极推进让农业转移人口带资进城，积极参加城镇社会保险、职业教育和技能培训等，并按照规定承担相关费用，强化自身融入城镇社会的能力。

第四节　建立跨区域的利益诉求与协调机制，保障人口要素高效自由流动

一、加强跨区域的联动合作机制建设

国内很多城市群的一体化发展和同城化发展在区域协调机制方面均取得了不少成功经验，中部地区新兴城市群的同城化地区应积极借鉴国内沈抚、长三角、厦漳泉、广佛等地区的同城化发展思路与先进经验，在建立同城化区域委员会的基础上，构建适应同城化区域合作与发展的城市联盟组织，建立同城化市长联席会议及相关工作协调机制和城市管理跨区域联动机制，围绕跨区域的城乡规划、城镇规划、公共基础设施、大数据信息共享、环境综合治理等重大问题与重点领域，探索联合设立跨界地区公共事务管理机构，协同推进基础设施共享、跨界空间共管、城市功能区共建、产业园区创新等同城化建设重大项目的“绿色通道”。共同研究建立投资管理、区域财税、技术创新等有利于跨区域协调发展的利益协调机制，以及同城化基础设施建设、产业协作发展、生态环境保护和社会服务设施建设的工作对接机制与资金筹措机制，积极探索跨区域开发与管理新模式。充分引导与调动各种非政府的社会横向协调机构，支持跨区域性行业协会、商会等社会团体联盟的组建，共同探讨同城化发展的深层次微观合作问题，推动同城化区域之间由单一的城际协作走向城市间整体运行的全方位高级城际协作，促进同城化地区生产要素、生活要素乃至管理要素等各种城市要素配置上的全面协作与高效自由流动（曾群华等，2012）。

二、建立跨区域统一的市场管理机制

打破阻碍相邻区域同城化发展的市场壁垒，探索与创新以优势互补为基础、以

共同利益为纽带的统一要素市场的协调体制和机制，是实现同城化地区人口要素跨区域自由流动的强大动力和保障。如太原晋中同城化在统筹协调跨区域产业分工体系的基础上，实现金融、社保、人才流动、农产品检测认证、医疗认证等领域的同城化发展。同城化地区统一市场管理体系的建设完善，应充分发挥政府的引导协调作用，建立统一的金融资本市场与监管体系，拓宽重大项目建设的金融资本融资渠道，为各类市场主体提供资本支持和同城化的金融服务。推动同城化地区贸易一体化发展平台、生产资料与商品批发市场、电子商务平台的建设，构建同城化市场发展的现代贸易服务体系。加强跨区域的市场准入一体化、企业信用建设、市场监管执法等方面的合作，保障同城化地区人才要素统一市场的发展与完善。

三、加强和创新跨区域的社会治理体制

加强和创新同城化地区的跨区域社会治理体制，发挥政府引导作用，鼓励和支持同城化地区社会各方面参与，实现政府治理和社会自我调节、居民自治良性的三方互动。坚持源头治理，以网格化管理、社会化服务为方向，健全基层综合服务管理平台，及时反映和协调同城化区域之间人民群众各方面各层次利益诉求。以法律法规为实施保障，以社会共治为行动指南，以标准化的管理方式推进同城化精细化管理。建立健全跨区域公共安全、城市交通、城市环境、应急管理、城市生态等领域的同城化精细化管理标准体系，构建同城化精细化管理标准化委员会统筹协调机制，构筑协助各部分相互沟通与协调的信息共享平台与同城化精细化管理标准体系查询平台。推进制度创新，探索完善同城化网格化管理、市场化保洁、考评监督等机制，加强精细化管理的法律法规等，不断提升精细化管理工作实效和管理水平。坚持综合治理，强化道德约束，规范社会行为，调节利益关系，协调社会关系，解决社会问题。坚持依法治理，加强法治保障，运用法治思维和法治方式化解社会矛盾。加强同城化协同发展的社会治理法律法规、体制机制、人才队伍和信息化建设。激发社会组织活力，加快实施政社分开，推进社会组织明确权责、依法自治、发挥作用。

四、建立跨区域流动人口管理服务机制

同城化地区人口的空间分布与合理流动需要完善的管理服务机制，应取消农业户口和非农业户口二元划分，逐步推进户籍与福利脱钩，还原户籍的人口登记管理职能，促进人口有序流动、合理分布和社会融合。建立同城化地区流动人口主动登记的身份管理制度，进一步完善居住证发放制度，推行居住证与基本公共服务待遇挂钩，实现户籍人口以户口登记证明为准、外来人口以居住证为准，切实为流动人口的劳动就业、社会保险、义务教育、疾病预防控制、妇幼保健、计划生育、法律援助提供居住地的各类公共服务。加快推进人口基础信息库建设，分类完善职业、教

育、收入、社保、房产、信用、计生等信息系统，构建集居住登记、房屋租赁、劳动就业、社会保障、计划生育、缴税收费等服务管理功能为一体的人口综合信息系统，推进人口信息概况、人口信息查询或交换、人口信息分析、人口信息采集管理等的跨部门、跨地区信息整合和共享应用。在此基础上建设覆盖全省、安全可靠的人口综合信息库和信息交换平台，实行以居民身份证号码为唯一标识，依法记录、查询和评估人口相关信息的制度，为人口服务和管理提供政策支撑。推动人口服务管理工作重心向社会化、社区化、法制化转变，形成以房(业)办证、以证服管、责任明确、分工协作的人口服务管理体系。建立完善以常住人口为基础的统计、考核、绩效评价等经济社会管理工作机制，强化人口信息、人口政策规划与人口服务管理综合协调等工作职能。完善流动人口社会保障、教育医疗保障、住房保障制度，完善流动人口管理的经费保障、绩效考评、信息服务等社会管理机制，探讨建立户籍地、就业地、异地就业者三方共赢的社会保险费缴纳机制和社会福利分享机制，推进流动人口就业信息互通、资质互认，提高流动人口管理服务水平。

第五节 推进同城化区域公共服务的均等共享，增强百姓的区域认同感

一、促进跨区域教育资源协作共享

促进同城化区域教育资源优先合作发展，推动跨区域教育制度对接，促进教育要素资源有效有序流动，统筹同城化交界地区幼儿园、中小学的规划布局，进一步支持名校跨地区建设分校，实现基础教育资源共建共享与优质均衡发展。加强同城化地区跨区域的中等职业教育、技工学校以及相关职业培训机构的协作建设，实现职业教育的优势竞争互补；建设跨区域的公共实验与实训基地，搭建职业教育教学的交流合作平台。推动高等教育、科研院所的引领创新，促进高校和科研院所在师资培训、学科共建、课程改革、学术研讨、教育论坛、创新基地建设、学生实习基地等方面的跨区域交流合作，围绕节能环保、生物新医药、新材料、新能源等领域开展跨区域科技创新平台建设与创新孵化基地建设。

加强同城化地区人力资源合作，推动跨区域统一的人才交流和人力资源公共服务信息网络平台建设，建立快捷通畅的就业服务信息平台和建设全域全面的劳动力资源信息数据库，做好人才政策咨询、住房保障、配偶就业、子女就业、社会保障等相关服务工作，推动跨区域人才和劳动力无障碍自由流动。借鉴国内其他地区吸引高层次人才的引进计划，如无锡的“530 计划”、苏州的“姑苏人才计划”、南京的“321 计划”、深圳的“孔雀计划”等，围绕重点创新产业领域，联合开展人才吸引与招聘工作，为同城化的跨界核心地区吸引和留住创新创业高端人才，同时建立

同城化区域统一的高层次创新创业人才信息库，积极开展跨区域的人才交流活动，建立高效的柔性人才流动机制。

二、推动跨区域医疗卫生服务共享

不断完善医疗卫生服务，逐步消除同城化地区就医诊治地域壁垒，推进医疗卫生机构合作共建，统筹整合和优化区域医疗卫生资源布局，促进区域医疗资源合理配置，鼓励优质医疗资源和大型医院通过合作办院、设立分院、组建医疗集团、优质医疗人才交流合作等形式的跨区域发展和合理规划布局重大医疗设备，逐渐实现同城化地区医疗卫生资源总体均衡布局。实行同城化地区医疗保险互认和异地享受制度，方便市民持医保卡在同城化地区医保定点医院就近就医；建立医学检验、影像检查结果互认制度，减少市民医疗重复检查程序与费用；逐步实行医疗事故、医疗损害异地专家鉴定、医疗纠纷异地专家调解制度；加快同城化地区医疗卫生信息网络建设，建立完善突发公共卫生事件协同处理机制和重大传染病联防联控机制，提高突发公共卫生事件应急处理能力；探索建立跨区域结对帮扶、双向转诊、对口支援等制度，提高医疗卫生资源使用率；逐步实现公共卫生应急队伍、应急专家等资源共享，促进医疗卫生人员相互交流提升。

三、推进跨区域的文体交流与合作

从同城化区域文化与体育产业特色出发，统筹规划公共文化、体育场馆，促进跨区域大型文体设施共建共享。共同建立文化体育资源信息服务平台，完善文体网络资源建设，推进同城化地区文化资源共享。围绕新时期新时代背景下同城化区域文化体育事业的重大战略与问题，共同制定跨区域的文化体育合作框架协议，推进文化体育事业的繁荣创新发展。常态性开展优秀文化艺术、展演等的跨区域交流与合作，建立统一、有序的图书音像市场、文艺演出市场、书画展览市场。联合举办各类群众性文化体育赛事、演出、培训、研讨等交流活动，加强跨区域文化体育的交流与合作，丰富群众的文化体育活动。建设连接交界区域的城市健身康体绿色廊道，推动大型公共体育场馆、公众健身活动中心、社区体育公园等资源和设施向同城化地区全域范围内的市民开放共享。

四、统筹跨区域的社会保障制度

加强政策对接，统筹建立同城化地区公积金、养老保险、失业保险、工伤保险、医疗保险等方面的异地互认、异地享受和转移接续等制度。全面推进医疗保险定点医疗机构相互定点、信息共享和同城医疗费用结算系统，实现同城化地区参保人员异地就医联网异地结算和实时结算服务。加快建立工伤认定和劳动能力鉴定等互认制度，协助同城化区域办理有争议或投诉的案件。逐步统一同城化区域的社会保险缴纳比例、社会保险金标准，探索建立社会保险参保信息共享机制与一体化管理。加快同城化地区退休人员在养老、医疗、出行等社会化管理方面的同城衔接，让不同城市的老人享受同样的优惠待遇。建立健全稳定的商品房交易市场，实现跨区域居住证制度的互认，享受同城化地区公积金自由提取以及同城购房优惠政策(谢俊贵 等，2009；王振，2010)。

第六节　本章小结

本章从区域规划管理、基础设施建设、农业转移人口市民化、跨区域利益协调机制、公共服务均等化等方面提出了促进同城化地区人口有序合理流动和分布的策略。首先，引导同城化地区人口合理流动应从科学规划入手，促进同城化地区跨区域的协同规划与协调发展，加强跨区域的规划管理和制度衔接。其次，强化同城化地区跨区域的交通网络体系建设，为同城化地区的人口流动提供物质基础；加强跨区域公用设施的共建共享，为人口流动提供重要保障；完善跨区域的公共交通服务体系，为同城化地区的人口流动提供更为便捷的软服务。针对同城化地区人口流动的群体很大一部分来自农业转移人口，提出推进农业转移人口市民化的策略，促进同城化地区人口的有效集聚。再次，从跨区域的联动合作机制、统一的市场管理机制、社会治理机制、流动人口管理服务机制等方面提出建立跨区域的利益协调机制，保障人口要素的高效自由流动。最后，从教育资源、医疗卫生、文体交流、社会保障等方面提出推进同城化区域公共服务的均等共享，增强同城化地区百姓的区域认同感。

第八章

总结与展望

第一节 基本结论

本研究从中部新兴城市群同城化发展的背景出发，运用地理学、经济学、社会学等学科的相关理论与研究方法，沿着“历史演变—现实维度—机制机理—模式选择—耦合关联—策略选择”的研究路径，在详细分析中部城市群6个同城化地区人口空间变化特征的基础上，将同城化视域下人口空间动态的诉求机制与动因机理架构于更低交易费用的利益诉求之上，详细解析同城化背景下人口空间行为过程与模式选择，深入探讨同城化视域下人口空间动态与区域经济发展的互动影响及其耦合关联性，并基于此提出同城化战略下引导人口合理分布与流动的策略。

本书通过对中部新兴城市群同城化地区的人口空间动态与区域经济发展相互关系的分析，得出了以下结论。

1.同城化视域下人口空间动态变化的“维度主体”以民众为主导

通过考察分析太原城市群、皖江城市带、中原经济区、武汉城市圈、鄱阳湖生态经济区、环长株潭城市群等6个同城化地区人口空间迁移与流动的时间序列数据和截面数据，发现2006—2015年同城化地区的常住人口呈现由周边相邻地区向中心市辖区集聚上升的趋势，尤其是市域相邻的长株潭、汉孝、太榆同城化地区，人口向心集聚性特征更为明显。

与以往人口空间迁移流动不同的是，中部新兴城市群长株潭、太榆、合淮、郑开、汉孝、昌九地区同城化背景下人口空间动态变化的“维度主体”以民众为主导，人口空间流动的群体70%以上来源于本省范围内，而且主要集中于同城化两地之间的通勤人口，尤其是同城化区域的市域空间相邻的长株潭、汉孝、太榆同城化地区，人口空间流动性更为频繁，人口空间迁移与流动的行为方式更多地趋向于多样化的交通方式，出行的行为动机亦日益多元化，行为周期更趋向于短期性的日常行为活动，从局限于公务活动或商贸往来向扁平化的通勤行为、购物活动、度假旅游等活动方式转变。

2.同城化视域下人口空间动态的行为动机以更低交易费用为诉求

中部同城化地区的经济联系不断增强、工业化发展业已进入高级阶段、产业结构互补、经济集聚性不断增强等区域的经济社会融合发展是同城化地区人口迁移流动的源动力，核心动力主要源于人口空间动态变化的主体对更低交易费用的追求，在同城化“力场”下的人口空间行为过程与模式选择是基于更低交易费用的利益诉求以及对同城生活宜居性与便捷性、同城生活质量与生活环境提升的追求；同城化区域经济的融合进一步促进了同城化地区软环境的日益完善，尤其是体制机制的不断完善、区域扁平化管理更是同城化地区人口空间流动的引导驱动力。

3. 同城化视域下的人口空间动态过程与模式更为活跃与多样化

通过对长株潭、汉孝、太榆、合淮、郑开、昌九等 6 个同城化地区 2000 年、2005 年、2010 年、2015 年四个时间截面人口密度的空间自相关分析得出：长株潭、汉孝、太榆 3 个同城化地区的人口分布具有明显的正相关，在空间上呈现周边城市向中心城市集聚的现象，分布模式属于外围—中心聚集型，而且聚集程度越来越高；合淮、郑开 2 个同城化地区的人口空间分布呈现出高低间隔分布的状态，即表现出中心—外围的空间离散特征；昌九同城化地区的人口空间分布有一定相关性，但相关性较低，呈随机分布的状态，人口迁移流动过程中呈现出“钟摆”模式。

4. 同城化视域下人口空间动态与区域经济发展存在一定的互动影响与耦合关联

通过对中部新兴城市群同城化区域 2006—2015 年人口、经济及其综合发展水平分析发现，6 个同城化地区的人口、经济及其综合发展水平整体上呈现上升趋势，人口、经济对同城化区域整体发展的带动力逐步增大。2006—2013 年，人口对同城化区域影响带动力较大，城市发展的人口集聚力逐步增强；2013—2015 年，经济持续发展，其对城市发展的带动作用强于人口发展，城市发展逐步进入经济导向阶段。

中部新兴城市群 6 个同城化区域人口与经济系统处于一般耦合协调阶段，同城化过程中人口变动和经济发展正处于相互磨合阶段。从整体上看，中部地区各同城化区域人口与经济耦合协调度呈现出上升趋势，增幅相对均衡。其中，2006—2010 年，人口-经济耦合协调度大致处于稳步上升阶段；2011—2012 年出现小幅度下降；2013—2015 年，人口-经济系统耦合协调度持续攀升，尤其是长株潭同城化区域，人口-经济耦合协调度明显高于中部地区其他同城化区域，人口-经济系统发展相对协调，表现出巨大的发展潜力。

5. 同城化视域下引导人口空间合理分布与迁移流动的策略在于协调跨区域的共同利益，创新跨区域的体制机制

如何调整同城化城市之间现存的利益差异格局，建立适当的利益诉求与协调机制，并以此引导人口合理分布与迁移流动，是同城化中心城市与周边城市共同面临的难题。首先，引导同城化地区人口合理流动应从协同规划管理入手，分类引导同城化地区的人口合理流动。其次，应强化同城化地区跨区域的交通网络体系建设、加强跨区域公用设施的共建共享、完善跨区域的公共交通服务体系，为同城化地区的人口流动提供更为便捷的软硬件服务。同时，大力推进农业转移人口市民化，建立健全推进机制，促进同城化地区人口的有效集聚。再次，加强跨区域的联动合作机制，建立统一的市场管理机制，创新跨区域的社会治理体制，建立流动人口管理服务机制，不断完善跨区域的利益协调机制，保障人口要素的高效自由流动。最后，应促进教育资源协作和跨区域医疗卫生服务共享、加强跨区域的文体交流与合作、统筹跨区域的社会保障等，不断推进同城化区域公共服务的均等共享，增强同城化地区百姓的区域认同感。

第二节　研究展望

1. 加强人口空间动态理论与实证的深入研究

本研究重点对中部新兴城市群同城化地区的人口规模、人口密度、人口地理集中度、人口增长等方面的人口空间动态进行了解析，对影响人口迁移流动的动因机理主要限于定性分析。但因研究区域各区县的数据搜集难度较大，统一口径不一，故在本研究中对人口结构、人口迁移与区域经济发展的量化分析研究涉及较少。因此，在今后的研究中，需要进一步加强人口结构、人口素质等静态因素以及人口迁移等动态因素的量化研究与探索，全面探讨人口空间动态与区域经济发展的定性定量研究。

2. 加强区县地理单元人口与经济的耦合分析

对于人口与区域经济的耦合关系，因各区县的人口与经济数据缺乏统一汇总，资料零散，数据搜集难度大，本研究仅从地级市的地理空间尺度进行了整体分析。而跨界交界区县地区的同城化发展更为深入，人口迁移流动更为活跃，因此，今后应从更小的区县地理单元进行综合分析，从区县地理单元尺度对同城化地区的人口与区域社会经济的耦合关系进行更为深入的研究。

3. 加强与东部、西部等其他不同区域的横向对比研究

尽管本研究中构建了人口与经济发展耦合度模型和人口与经济发展耦合协调度模型，对太榆、合淮、郑开、昌九、汉孝、长株潭 6 个同城化区域的人口空间动态与区域经济发展特征及其耦合协调度进行了分析，但因各区域的经济发展水平及其同城化发展程度不一，东部城市群的同城化地区、西部城市群的同城化地区的人口空间动态特征区域差异更大。因资料与时间有限，本研究仅以中部新兴城市群的同城化地区为例，区域对比性研究不够强。因此，今后应加强与国内其他同城化地区，尤其是发展较为成熟的区域的横向对比研究，找出东部、中部、西部城市群同城化地区人口空间动态的差异及其与区域经济相互影响程度的差异。

参考文献

白俊红，蒋伏心，2015. 协同创新、空间关联与区域创新绩效[J]. 经济研究(7)：174－187.

白永秀，2007. 区域经济理论的演化及其发展趋势[J]. 经济学评论(1)：124－130.

蔡昉，王美艳，都阳，2001. 人口密度与地区经济发展[J]. 浙江社会科学(6)：12－16.

蔡卓杰，卢远，华璀，2016. 广西县域人口与经济集聚时空演变分析[J]. 地理空间信息，14(1)：4，13－16.

陈存友，汤建中，2003. 大都市区城市经济整合发展研究：以长江三角洲为例[J]. 中国软科学(6)：120－124.

陈慧琳，2013. 人文地理学[M]. 北京：科学出版社.

陈雯，2012. 厦漳泉大都市区同城化：重塑发展新格局[M]. 北京：科学出版社.

崔功豪，1992. 中国城镇发展研究[M]. 北京：中国建筑工业出版社.

丁金宏，1996. 人口空间过程：胶东半岛的实证研究[M]. 上海：华东师范大学出版社.

丁金宏，刘振宇，程丹明，等，2005. 中国人口迁移的区域差异与流场特征[J]. 地理学报，60(1)：106－114.

杜忠潮，黄波，陈佳丽，2015. 关中—天水经济区城市群人口经济与资源环境发展耦合协调性分析[J]. 干旱区地理，38(1)：135－147.

段德罡，刘亮，2012. 同城化空间发展模式研究[J]. 规划师，28(5)：91－94.

樊杰，陶岸君，吕晨，2010. 中国经济与人口重心的耦合态势及对区域发展的影响[J]. 地理科学进展，29(1)：87－95.

范红忠，李国平，2003. 对我国生产与人口分布现状与问题的比较分析[J]. 预测，22(6)：28－32.

方创琳，2014. 中国城市群研究取得的重要进展与未来发展方向[J]. 地理学报，69(8)：1130－1144.

封志明，刘晓娜，2013. 中国人口分布与经济发展空间一致性研究[J]. 人口与经济(2)：3－11.

弗鲁博顿，芮切特，2006. 新制度经济学：一个交易费用分析范式[M]. 姜建超，罗长远，译. 上海：上海三联书店.

高宝棣,王成新,崔学刚,2016.人口—经济—空间视角下山东省城镇化时空演变[J].经济地理,36(5):79-84.

高秀艳,王海波,2007.大都市经济圈与同城化问题浅析[J].企业经济(8):89-91.

格迪斯,2012.进化中的城市:城市规划与城市研究导论[M].李浩,吴骏莲,叶冬青,等译.北京:中国建筑工业出版社.

顾朝林,1999.中国大中城市流动人口迁移规律研究[J].地理学报,54(3):204-212.

顾朝林,2001.城市群研究进展与展望[J].地理研究,30(5):771-784.

哈丁,2007.生活在极限之内生态学、经济学和人口禁忌[M].戴星翼,张真,译.上海:上海世纪出版集团.

郝慧君,贾文毓,2018.太榆同城化对榆次区发展的影响分析[J].山西师范大学学报(自然科学版),32(1):97-100.

侯蓉,李鹏,王彦飞,2012.2011年中国区域经济学研究热点综述[J].兰州财经大学学报,28(4):73-82.

胡焕庸,1986.中国八大区人口增长、经济发展的过去与未来[M].上海:华东师范大学出版社.

胡学英,罗海平,2016.双城融合案例对昌九一体化的启示[J].郑州航空工业管理学院学报(04):110-116.

胡艳兴,潘竟虎,李瑶,2015.基于ESDA-GWR的甘肃省人口城镇化空间动态分析[J].人口与发展,21(1):41-49,67.

黄金川,陈守强,2015.中国城市群等级类型综合划分[J].地理科学进展,34(3):290-301.

霍华德,2010.明日的田园城市[M].金经元,译.北京:商务印书馆.

金玉国,2008.中国政治型交易费用的规模测算与成因分解:一个基于分位数回归模型的实证研究[J].统计研究,25(12):46-52.

金玉国,崔友平,2006.经济发展、体制转型与交易费用的实证分析[J].财经科学(2):84-90.

金玉国,王琳,2010.政治型交易成本测算的两个维度及其关系:基于中国分省份截面数据的实证研究[J].财经研究,36(1):16-26.

课题组,2011.后世博效应对长三角一体化发展区域联动研究[J].科学发展(5):25-49.

黎绍先,2013.重庆市人口空间结构动态变化研究[D].重庆:西南大学.

李春艳,文传浩,2015.长江经济带合作共赢的理论与实践探索:“长江经济带高峰论坛”学术研讨会观点综述[J].中国工业经济(2):44-49.

李凤珍,钟剑波,谢石营,等,2016.广佛同城化地区人口空间分布演变[J].热带地理(4):25-29.

李国平，罗心然，2017. 京津冀地区人口与经济协调发展关系研究[J]. 地理科学进展，36(3)：25－33.

李恒鑫，2010. 城际铁路对城市圈同城化的促进作用[J]. 综合运输(4)：36－40.

李红，董超，2010. 对同城化发展的几点思考[J]. 安徽农业科学，38(13)：7032－7033，7036.

李红锦，李胜会，2013. 人口迁移承接与珠三角城市经济社会结构演变的耦合[J]. 经济地理，33(8)：46－51.

李嘉图，2008. 政治经济学及赋税原理[M]. 北京：商务印书馆.

李建，宁月敏，2007. 1990 年代以来上海人口空间变动与城市空间结构重构[J]. 城市规划学刊(2)：20－24.

李晶晶，苗长虹，2017. 长江经济带人口流动对区域经济差异的影响[J]. 地理学报，72(2)：197－212.

李仁涵，2007. 我国大都市交通圈发展模式的研究[D]. 上海：同济大学.

李仙德，宁越敏，2012. 城市群研究述评与展望[J]. 地理科学，32(3)：771－782.

李晓晖，肖荣波，廖远涛，等，2010. "同城化"下广佛区域发展问题与规划对策探讨[J]. 城市发展研究，17(12)：77－83.

李兴旺，李会军，2011. 我国"雏形期"产业集群的识别指标体系及判定方法[J]. 财经问题研究(4)：38－44.

李嫒，宁越敏，魏也华，等，2016. 长江经济带沿江城市群空间分布格局与联动机理研究[J]. 长江流域资源与环境(12)：1797－1806.

李亚丽，2004. GIS 支持下的河南省人口空间动态特征研究[D]. 开封：河南大学.

李仲生，2002. 人口经济学的形成与发展[J]. 首都经济贸易大学学报(6)：17－20.

李仲生，2005. 古典经济学派的人口经济理论[J]. 首都经济贸易大学学报(2)：17－20.

李仲生，2006. 现代经济适度人口学说[J]. 首都经贸大学学报(1)：60－65.

李仲生，2011. 发达国家的人口变动与经济发展[M]. 北京：清华大学出版社.

梁冬，李卢霞，孙晓燕，2005. 理出同源必有因：浅谈马尔萨斯人口理论与其经济学理论之间的逻辑一致性[J]. 经济问题探索(4)：26－29.

梁强，王文杰，徐祎琪，2010. 我国人口增长与经济发展关系的实证研究[J]. 湖北经济学院学报，8(3)：32－35.

梁文婷，2010. 同城化毗邻城市中辅城的空间扩展研究：以广东省高要市为例[D]. 西安：西北大学.

林毅夫，2000. 再论制度、技术与中国农业发展[M]. 北京：北京大学出版社.

刘娜，石培基，李博，2014. 甘肃省人口经济空间分异与关联研究[J]. 干旱区地理，37(1)：179－186.

刘睿文,封志明,杨艳昭,等,2010.基于人口集聚度的中国人口集疏格局[J].地理科学进展,29(10):1171-1177.

刘硕,2012.望城县农村土地集约利用的可持续性问题研究[D].长沙:湖南农业大学.

刘玉,2008.中国流动人口的时空特征及其发展态势[J].中国人口资源与环境,101(1):139-144.

麻智辉,2007.中部崛起与环鄱阳湖城市群的发展战略[J].郑州航空工业管理学院学报,25(4):1-6.

马尔萨斯,2008.人口论[M].北京:商务印书馆.

马茹,2016.我国未来区域经济一体化战略研究[J].改革与战略(10):110-113.

彭松建,1987.当代西方人口经济学的形成和发展[J].人口与经济(5):40-41,55-60.

秦广庆,2010.同城化背景下广佛产业合作协调机制研究[D].广州:广东商学院.

秦尊文,2009.武汉孝感同城化问题研究[J].中国地质大学学报(社会科学版),9(4):13-16.

邱汉周,金晓玲,胡希军,2008.合淮同城化的战略思考[J].安徽农业科学,36(28):12517-12518.

任凯丽,朱志玲,受梦婷,2016.宁夏沿黄城市群人口与经济时空耦合研究[J].现代城市研究(7):91-96.

桑秋,张平宇,罗永峰,等,2009.沈抚同城化的生成机制和对策研究[J].人文地理(3):32-36.

生态屏障、功能区划与人口发展课题组,2008.科学界定人口发展功能区,促进区域人口与资源环境协调发展:生态屏障、功能区划与人口发展研究报告[J].人口研究,32(3):1-14.

史育龙,周一星,2009.关于大都市带(都市连绵区)研究的论争及近今进展述评[J].国际城市规划,24(2):160-166.

斯密,2008.国民财富的性质和原因的研究[M].北京:商务印书馆.

宋家泰,1980.城市-区域与城市区域调研研究:城市发展的区域经济基础调查研究[J].地理学报,35(4):277-287.

苏飞,张平宇,2010.辽中南城市群人口分布的时空演变特征[J].地理科学进展(1):96-102.

孙平军,丁四保,修春亮,等,2012.东北地区"人口-经济-空间"城市化协调性研究[J].地理科学,32(4):450-457.

孙铁山,王兰兰,李国平,2012.北京都市区人口-就业分布与空间结构演变[J].地理学报,67(6):829-840.

童中贤,曾群华,2016.长江中游城市群空间整合进路研究[J].城市发展研究(1):49-57.

童中贤,曾群华,2017.我国中部地区新型城镇化布局和形态优化[J].求索(4):103-109.

王春兰,2010.大城市人口空间演变及城郊关系演进[J].城市问题(6):7-11.

王德,宋煜,沈迟,等,2009.同城化发展战略的实施进展回顾[J].城市规划学刊(4):74-78.

王法辉,金凤君,曾光,2004.区域人口密度函数与增长模式:兼论城市吸引范围划分的GIS方法[J].地理研究,23(1):97-103.

王国霞,2017.中部地区人口迁移与区域经济发展:基于"五普"与"六普"的分析[J].经济问题(5):123-129.

王箭旭,2014.新疆人口空间动态对区域经济发展的影响研究[D].石河子:石河子大学.

王劲松,纪明辉,徐嘉,2009.关于长吉两市未来发展规模预测与加强两市一体化同城化建设的研究[J].农业与技术,29(5):23-25.

王珏,陈雯,袁丰,2014.基于社会网络分析的长三角地区人口迁移及演化[J].地理研究,33(2):385-400.

王荣斌,2011.中国区域经济增长条件趋同研究[J].经济地理,31(7):1076-1080.

王旭升,2007.中部崛起背景下的郑汴一体化发展研究[J].地域研究与开发(6):28-34.

王振,2010.长三角地区的同城化趋势及其对上海的影响[J].科学发展(4):101-108.

魏宗财,陈婷婷,甄峰,等,2014.对我国同城化规划实施的思考:以《广佛同城化发展规划》为例[J].城市规划学刊(2):80-86.

文献良,文峰,2010.人口社会学概论:人口与社会发展互动研究的历史、理论与方法[M].成都:四川教育出版社.

吴珣,杨婕,张红,2017.不同空间权重定义下中国人口分布空间自相关特征分析[J].地理信息世界,24(2):32-38.

向丽华,2013.武汉城市圈人口空间均衡与区域可持续发展[M].武汉:中国地质大学出版社.

肖周燕,2014.中国人口与经济分布一致性的空间效应研究[J].人口学(5):42-52.

谢俊贵,刘丽敏,2009.同城化的社会功能分析及社会规划试点[J].广州大学学报(社会科学版),8(8):24-28.

邢铭,2007.沈抚同城化建设的若干思考[J].城市规划(10):52-56.

邢铭,2011.大都市区同城化发展研究[D].长春:东北师范大学.

徐珊,邓羽,王开泳,2016.中国流动人口的省际迁移模式、集疏格局与市民化路径[J].地理科学(11):1637-1642.

闫世忠,常贵晨,刘忠付,2008.沈抚同城化前景展望[J].中国工程咨询(10):38-39.

言迎,2010.长株潭城市群人口分布的变动特征及影响因素[D].长沙:湖南师范大学.

阎泽,2010.同城化环境和语境下的天津城市文化建设[J].天津职业院校联合学报,12(1):131-135.

杨春柏,金彪,李辉,2017.区域经济发展中的创新机制研究[J].改革与战略(1):86-91.

杨锋梅,曹明明,邢兰芹,2013.旅游同城化的动力机制与合作模式研究:以太榆同城化为例[J].经济问题(10):121-124.

杨华磊,2013.经济地形、空间结构与毗邻关联:关于经济变量的地理隐喻[J].中国区域经济,5(5):9-22.

杨开忠,2008.区域经济学概念、分支与学派[J].经济学动态(1):55-60.

杨上广,丁金宏,2004.极化开发的人口空间响应及社会效应研究:以上海浦东新区为例[J].华东师范大学学报,36(5):66-71,123.

姚士谋,朱英明,陈振光,等,2001.中国城市群[M].2版.合肥:中国科学技术大学出版社.

于洪俊,宁越敏,1983.城市地理概论[M].合肥:安徽科学技术出版社.

于涛方,2012.中国城市人口流动增长的空间类型及影响因素[J].中国人口科学(4):47-58,111-112.

曾群华,2011.新制度经济学视角下的长三角同城化研究[D].上海:华东师范大学.

曾群华,2013.关于区域同城化的研究综述[J].城市观察(6):85-95.

曾群华,2014.基于同城化视角的人口空间动态与区域经济发展的耦合机理研究[J].城市观察(6):61-66.

曾群华,2016.长株潭一体化进程中的同城化研究[J].求索(2):128-132.

曾群华,邓江楼,张勇,等,2012.都市圈、城市群与同城化的概念辨析[J].中国名城(5):4-11.

曾群华,徐长乐,邓江楼,等,2012.沪苏嘉一体化进程中的同城化研究[J].华东经济管理,26(3):53-56.

张纯元.人口现代化特征及指标[N].中国人口报,2002-06-17(3).

张国栋.京津"同城化"之效应[N].天津日报,2008-10-13(5).

张京祥,邹军,吴君焰,等,2001.论都市圈地域空间的组织[J].城市规划,25(5):19-23.

张善余,2004.基于出生地的中国人口迁移态势分析[J].市场与人口分析,10(3):1-5,19.

张五常,2001.经济解释[M].北京:商务印书馆.

张效莉,王成璋,何伦志,2006.人口增长与经济发展相互作用机制及实证分析:基于水平VAR的Granger因果分析方法和协整技术[J].南方人口,21(1):59-64.

张心悦,陆耿,2018.同城化视角下合淮旅游一体化模式实现途径探索[J].蚌埠学院学报(1):105-108.

张战仁,2013.我国区域创新差异的形成机制研究:基于集聚互动、循环积累与空间关联视角的实证分析[J].经济地理,33(4):9-14.

赵东栋,2015.新疆人口空间动态与区域经济间协调发展研究[D].石河子:石河子大学.

赵婕,2015.国内人口经济学研究综述[J].合作经济与科技(23):18-19.

赵菊花,2012.人口与经济发展关系理论研究的回顾与述评[J].法制与经济(5):78-80.

赵英魁,张建军,王丽丹,等,2010.沈抚同城区域协作探索:以沈抚同城化规划为例[J].城市规划,34(03):85-88.

中共珠海市委党校"珠澳关系研究"课题组,2009.试论珠澳同城化[J].珠海市行政学院学报(4):37-42.

钟业喜,陆玉麒,2011.鄱阳湖生态经济区人口与经济空间耦合研究[J].经济地理,31(2):195-200.

钟志平,李开宇,2012.区域城市化战略格局下的人口再分布研究:以江西省为例[J].江西农业学报,24(10):181-184.

周海生,战炤磊,2013.人口结构和产业结构的互动影响与协调思路:以南京市为例[J].技术经济与管理(2):107-109.

周志龙,2014.我国人口空间动态对区域经济发展的影响研究[D].北京:对外经济贸易大学.

朱传耿,顾朝林,马荣华,等,2001.中国流动人口的影响因素与空间分布[J].地理学报,56(5):549-560.

朱传耿,孙姗姗,李志江,2008.中国人口城市化的影响要素与空间格局[J].地理研究,27(1):13-22.

朱江丽,李子联,2015.长三角城市群产业-人口-空间耦合协调发展研究[J].中国人口资源与环境,25(2):75-82.

朱有志，李友志，2009. 湖南经济社会发展报告(2008)[M]. 长沙：湖南人民出版社.

朱宇，林李月，2016. 中国人口迁移流动的时间过程及其空间效应研究：回顾与展望[J]. 地理科学，36(6)：820－828.

宗跃光，1991. 天津市区人口空间分布及其动态特征[J]. 人口研究(1)：30－34.

邹辉，张辉，2009. 丹东与大连同城一体化探析[J]. 党政干部学刊(3)：39－41.

左学金，2010. 人口增长对经济发展的影响[J]. 国际经济评论(6)：127－135.

AKINTOLA A A, VAN DE POL V, BIMMEL D, et al, 2016. Comparative analysis of the equivital EQ02 lifemonitor with holter ambulatory ECG device for continuous measurement of ECG, heart rate, and heart rate variability: a validation study for precision and accuracy[J]. Frontiers in Physiology(7): 391.

BLUESTONE B, HARRISON B, 1983. The deindustrialization of America[M]. New York: Basie Books.

BRETTELL C B, HOLLIFIELD J F, HASIA D R, et al, 2014. Migration theory: talking across disciplines[M]. New York: Routledge.

BRINCKMANN E, SCHILLER P, 2002. Experiments with small animals in BIOLAB and EMCS on the International Space Station[J]. Advances in Space Research, 30 (4): 809－814.

CEBULA R J, VEDDER R K, 1973. A note on migration, economic opportunity, and the quality of life[J]. Journal of Regional Science, 13(2): 205－211.

CHAI N, CHOI M J, 2017. Migrant workers' choices of resettlements in the redevelopment of urban villages in China: the case of Beijing[J]. International Journal of Urban Sciences, 21(3): 282－299.

CHEN H, WU Q, CHENG J, et al, 2015. Scaling-up strategy as an appropriate approach for sustainable new town development? lessons from Wujin, Changzhou, China[J]. Sustainability, 7(5): 5682－5704.

CHEN M, LIU W, TAO X, 2013. Evolution and assessment on China's urbanization 1960—2010: under-urbanization or over-urbanization? [J]. Habitat International (38): 25－33.

CHEN F, 2005. Residential patterns of parents and their married children in contemporary china: a life course approach [J]. Population Research and Policy Review, 24(2): 125－148.

COURCHENE T J, 1970. Interprovincial migration and economic adjustment[J]. The Canadian Journal of Economics, 3(4): 550－576.

CAI H, WANG J, 2008. Factors influencing the migration intentions of rural workers in the Pearl River Delta[J]. Social Sciences in China, 29(3): 157－171.

CINDY F C,2004. The state,the migrant labor regime,and maid en workers in China[J]. Political Geography(23):1644.

CLARK G H,MERIE G,1983. Migration and capital[J]. Annals of the Association of American Geographers,73(1):18 - 24.

COALE A J,FALLERS L A,KING P B,2017. Aspects of the analysis of family structure[M]. Princeton:Princeton University Press.

DE SIMONE G,MANCHIN M,2012. Outward migration and inward FDI:factor mobility between eastern and western Europe[J]. Review of International Economics,20(3):600 - 615.

FENG J X,DIJST M,WISSINK B,et al,2013. The impacts of household structure on the travel behaviour of seniors and young parents in China[J]. Journal of Transport Geography(30):117 - 126.

GARDNER G T,STERN P C,1996. Environmental problems and human behavior [M]. Boston:Allyn & Bacon.

GOTTMANN J,1957. Megalopolis or the urbanization of the Northeastern Seaboard of the United States[J]. Economic Geography,33(3):189 - 200.

HUANG S H,2011. Analysis of home-going migrant workers' outdoor-work wishes and affecting factors based on logistic model[J]. Guangdong Agriculture Science(2):194 - 196.

HANSON S,HANSON P,1980. Gender and urban activity patterns in Uppsala, Sweden[J]. Geographical Review,70(3):291 - 299.

HANSON S,2010. Gender and mobility:new approaches for informing sustainability[J]. Gender,Place & Culture:A Journal of Feminist Geography,17 (1):5 - 23.

JOHNSTON-ANUMONWO I,1992. The influence of household type on gender differences in work trip distance[J]. The Professional Geographer,44(2):161 - 169.

KWAN M P,1999. Gender and individual access to urban opportunities:a study using space-time measures[J]. The Professional Geographer,51(2):211 - 227.

KWAN M P,2000. Analysis of human spatial behavior in a GIS environment: recent developments and future prospects [J]. Journal of Geographical Systems,2(1):85 - 90.

LEE E S,1996. A theory of migration[J]. Demography,3(1):47 - 57.

LOGAN J R,BIAN F Q,BIAN Y J,1998. Tradition and change in the urban Chinese family:the case of living arrangements[J]. Social Forces,76(3):851 - 882.

LOGAN J R,BIAN F Q,1999. Family values and coresidence with married children in urban China[J]. Social Forces,77(4):1253 - 1282.

LIU Y,ZHU S H,WANG G H,et al,2013. Validity and reliability of multiparameter physiological measurements recorded by the equivital lifemonitor during activities of various intensities[J]. Journal of Occupational and Environmental Hygiene,10(2):78 - 85.

MENARIN S,IAMTRAKUL P,2013. Alternative approach for GIS based evaluation of transit-oriented development:a case study of Saga city,Japan[J]. Journal of Society for Transportation and Traffic Studies(JSTS),2(1):27 - 45.

MASLOW A H,1943. A theory of human motivation[J]. Psychological Review,50(4):370.

MCGOLDRICK M,ELIZABETH A C,1982. The family life cycle[M]. New York:Guilford Press.

MITRANO D M,MOTELLIER S,CLAVAGUERA S,et al,2015. Review of nanomaterial aging and transformations through the life cycle of nano-enhanced products[J]. Environment International(77):132 - 147.

NORTH D C,1984. Transaction costs[J]. Institutions and Economic History. AER(140):7 - 17.

RAVENSTEIN E G,1885. The laws of migration[J]. Journal of the Statistical Society of London,48(2):167 - 235.

ROSSI P H,1980. Why families move[M]. 2d ed. New York:Sage Publications.

RAUWERDA H,DE LEEUW W C,ADRIAANSE J,et al,2007. The role of e-biolabs in a life sciences collaborative working environment[C]. Proceedings of e-Challenges.

RONALD C,1960. The problem of social cost[J]. Journal of Law&Economics (3):1 - 44.

SCOTT D,WILLITS F K,1994. Environmental attitudes and behavior:a pennsylvania survey[J]. Environment and Behavior,26(2):239 - 260.

SOLLBERGER S,BERNAUER T,EHLERT U,2016. Salivary testosterone and cortisol are jointly related to pro-environmental behavior in men[J]. Social Neuroscience,11(5):553 - 566.

SCHWANEN T,2007. Gender differences in chauffeuring children among dual-earner families[J]. The Professional Geographer,59(4):447 - 462.

SCHWANEN T,KWAN M P,REN F,2014. The internet and the gender division of household labour[J]. The Geographical Journal,180(1):52 - 64.

SCHEINER J,HOLZ-RAU C,2012. Gendered travel mode choice:a focus on car deficient households[J]. Journal of Transport Geography(24):250－261.

SORACE C,HURST W,2016. China's phantom urbanisation and the pathology of ghost cities[J]. Journal of Contemporary Asia,46(2):304－322.

TAKAHASHI B,SELFA T,2015. Predictors of pro-environmental behavior in rural American communities[J]. Environment and Behavior,47(8):856－876.

TODARO M P,1969. A model of labor migration and urban unemployment in less developed countries[J]. The American Economic Review,59(1):138－148.

ZIBARRAS L D,COAN P,2015. HRM practices used to promote pro-environmental behavior:a UK survey[J]. The International Journal of Human Resource Management,26(16):2121－2142.

ZUO J P,BIAN Y J,2001. Gendered resources,division of housework,and perceived fairness:a case in urban China[J]. Journal of Marriage and Family,63(4):1122－1133.

WALLIS J J,NORTH D C. Measuring the transaction sector in the American economy:1870—1970[M]//ENGERMAN S L,GALLMAN R E,1987. Long term factors in American economic growth. Chicago:University of Chicago Press.

后 记

自2006年中央实施中部崛起的重大区域发展战略以来，中部六省抢抓重要历史机遇，加速推进经济社会跨越式发展，区域一体化与城市群同城化发展进程明显加快。国家“十四五”规划明确提出：“依托辐射带动能力较强的中心城市，提高1小时通勤圈协同发展水平，培育发展一批同城化程度高的现代化都市圈。”2021年7月22日，《中共中央 国务院关于新时代推动中部地区高质量发展的意见》发布，为进一步推动中部地区高质量发展开创了新的局面。

随着各都市圈、城市群“1小时经济圈”的规划实施，相邻城市之间的交通、信息、人才、资金等要素流动更为畅通，各城市群板块正因这种“时空颠覆”呈现出同城化的发展趋势，如长株潭、太渝、合淮等都提出了同城化的建设理念与思路。促进中部地区都市圈内中心城市与周边城市（镇）小尺度、跨区域、精准化的同城化发展日益成为推动城市群高质量协调发展、经济转型升级的新动力支撑。作为城市群同城化区域经济联系与沟通的重要纽带和载体，人口的空间动态成为其区域经济发展研究的新热点。

本书以中部新兴城市群同城化区域人口空间动态的时间序列分析与截面分析为逻辑起点，在重点考察中部城市群6个同城化地区人口空间迁移流动的时间序列数据的基础上，揭示其在同城化态势下的人口空间分异规律，深入解析中部新兴城市群地区同城化发展态势下人口的空间行为过程与模式带来的新诉求与动因机理，探讨同城化视域下人口空间动态与区域经济发展的互动影响及其耦合关联性，并基于此提出同城化战略下引导人口合理分布与流动的策略。

本书是国家社会科学基金青年项目“我国人口空间动态与区域经济发展的互动影响研究——基于中部新兴城市群的同城化视角”（项目编号：12CJY026）的最终成果及湖南省自然科学基金面上项目“基于可拓学的长株潭同城化战略策划理论与方法研究”（项目编号：2020JJ4299）的前期阶段性成果。参与本书初稿写作的人员如下：前言（曾群华）、第一章（曾群华）、第二章（张倩、曾群华）、第三章（李丹、曾群华）、第四章（李丹、曾群华）、第五章（曾群华、张聪、田千金）、第六章（张倩、曾群华）、第七章（曾群华、李丹）。初稿完成后，由曾群华统稿、修改和定稿。

在课题申报、完成研究和书稿出版的过程中，本书得到了国家哲学社会科学办、湖南省科技厅、湖南省社科院、湖南科技大学、西安交通大学出版社等单位，以及湖南省社科院方向新研究员、童中贤研究员、肖耀球研究员、刘晓副研究员和华东师范大学徐长乐教授等专家的大力支持和鼓励，西安交通大学出版社王建洪编辑在本书出版过程中悉心校稿，付出了艰辛的劳动，在此一并表示最真挚的感谢！

本书参考和引用了国内外有关专家学者的研究成果，未能一一注明，特此表示感谢和歉意。

曾群华

2021 年 6 月 30 日